The Connectors in Modern Standard Arabic

Most Arabic textbooks concentrate on morphology and syntax, but while these provide the indispensable structural base, students still find there is a wide gap between their theoretical knowledge and their practical ability to write connected prose. This unique textbook concentrates on the connectors (those articles, phrases, or idioms which join words, phrases, clauses, or sentences) in a functional setting with the aim of developing and improving the writing skills of intermediate and advanced students of Arabic as a foreign language. Each lesson of *The Connectors* begins with a presentation of the structures, followed by a sample text and sample sentences, before moving on to a graded series of exercises. The book contains twenty-seven lessons, including five review lessons, and a sample test at the end.

Nariman Naili Al-Warraki is Senior Arabic Language Teacher and Director of the Arabic Language Unit of the Arabic Language Institute at the American University in Cairo.

Ahmed Taher Hassanein was for many years Associate Professor of Arabic Studies at the American University in Cairo. He is currently on the faculty of the United Arab Emirates University.

The Connectors
in
Modern Standard Arabic

Nariman Naili Al-Warraki
Ahmed Taher Hassanein

The American University in Cairo Press
Cairo • New York

Dar el Kutub No. 5629/94
ISBN 978 977 424 354 7

13 14 15 16 17 16 15

Printed in Egypt

Introduction

The objective of this book is to develop and improve the writing skills of students studying Arabic as a foreign language. It meets the needs of students who are at an intermediate or advanced stage and who, having already mastered the basics of Arabic grammar and morphology, can read with minimal difficulty daily newspapers and weekly magazines as well as more formal texts in literature, history, and the like. The methodology adopted is to expose the students to the usage in context of certain stylistic devices which they generally have difficulty in using and then to provide ample practice exercises on them.

The importance of this book arises from the fact that there is a lack of attention in existing Arabic textbooks to writing technique and style. Most Arabic textbooks concentrate heavily on morphology and syntax. While these provide the indispensable structural base, students still find a wide gap between their theoretical knowledge and their practical ability to write connected prose.

By connectors we mean those articles, phrases, or idioms which join words, phrases, clauses, or sentences. They may be:

a) <u>Connectors</u> which join words or sentences that have functional or semantic similarities or relationships. For example:

بالإضافة إلى – ثم – فـ – و etc.

b) <u>Adversatives</u> which introduce an idea which runs contrary, to one degree or another, with the idea expressed in a preceding clause. For example:

مع أنّ – رغم – انما – لكن etc.

c) <u>Causatives</u> which help to justify an idea or conclude an option. For example:

لكي – حيث أنّ – بفضل – بسبب etc.

d) Connectors which do not fall under any of the above categories but are rather formulaic and which we consider important to include. For example:

لم يمضِ ... حتى – مالبث ... أن – لا ... ولا – إما ... أو etc.

The book is unified by a functional setting, and therefore the format of all lessons is almost identical. Each begins with the presentation of the connectors introduced in that lesson with their different meanings. Next comes an Arabic text containing the most important connectors to be studied in that lesson. These connectors are underlined to draw the student's attention to them while reading the text. Most of the texts are authentic. They are chosen from different sources which vary in style and content. In some cases, however, minor alterations in selected passages are made in order to reinforce the main objective of the book. Each text is followed by an English translation. This is often rather literal to help students grasp the meaning of certain idioms. The other function of the translation is to obviate the necessity for glossaries while still ensuring that problems of comprehension do not interfere with the main goal. This is followed, when necessary, by examples, which students are expected to read carefully. Linguistic remarks are sometimes included to explain fully certain rules or differences in usage among the connectors studied. Finally come the drills, which are graded according to difficulty.

This book includes twenty-seven lessons, five of which are devoted to review. We have appended a general test as an example of what we expect the students to acquire after having completed all the lessons.

We hope that *The Connectors* will help students to acquire some of the writing skills which ensure a linguistically acceptable style.

Ahmed Taher Hassanein   *Nariman Naili Al-Warraki*

أدوات الربط في العربية المعاصرة

تركز معظم كتب تدريس اللغة العربية على الصرف و النحو فتزوِّد الطالب بقاعدة نحوية لاغنى عنها من قبيل أنظمة التوافق و المطابقة في الجنس والعدد و الحركة الاعرابية ... الخ، و مع ذلك فانه حين يكتب يحس بالفجوة بين معرفته النظرية و قدرته على الكتابة، اذ يفتقر الى بعض الأمور التي لا يعالجها النحو و تتضاعف هذه الحاجة مع الطالب الأجنبي الدارس للغة العربية.

يهتم هذا الكتاب المتميِّز بتدريب الطالب و إمداده بالأساسيات الضرورية حول أدوات الربط، و هي مجموعة الأدوات و الوسائل التي قد تكون حروفا أو تعبيرات أو كليشيهات تستخدم أساسا للربط بين الكلمات أو التعبيرات أو أنصاف الجمل أو الجمل التامة أو حتى الفقرات و ذلك بهدف معاونة الدارس للغة العربية – في المستوى المتوسط أو المتقدم – على تطوير و تحسين مهاراته الكتابية. يتكون الكتاب من سبعة و عشرين درسا منها خمسة دروس للمراجعة بالاضافة الى نموذج اختبار عام في نهاية الكتاب. و يبدأ كل درس بتقديم أدوات الربط المراد عرضها يليها نص عربي يحتوي على الروابط المقدمة في سياق وظيفي تتلوه ترجمة ثم أمثلة شارحة و موضحة تعقبها ملاحظات تعزيزية في بعض الأحيان، و بعد ذلك تبدأ التدريبات المتنوعة المتدرجة من السهل الى الصعب فالأكثر تعقيدا.

ناريمان نائلي الوراقي مدرسة للغة العربية و مديرة وحدة اللغة العربية في معهد اللغة العربية بالجامعة الأمريكية بالقاهرة.

أحمد طاهر حسنين عمل أستاذا مشاركا للدراسات العربية بالجامعة الأمريكية بالقاهرة و هو حاليا عضو هيئة التدريس في جامعة الامارات العربية المتحدة.

أدوات الربط

في

العربية المعاصرة

تأليف

أحمد طاهر حسنين   ناريمان نائلي الوراقي

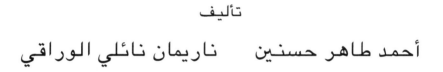

قسم النشر بالجامعة الأمريكية بالقاهرة

القاهـرة – نيويــورك

القاهرة – مصر

رقم دار الكتب ٩٤/٥٦٢٩
الترقيم الدولي ٧ ٣٥٤ ٤٢٤ ٩٧٧ ٩٧٨

تم الطبع في مصر

الفهرس

المقدمة

هدف هذا الكتاب هو معاونة الدارس للغة العربية في تطوير مهاراته الكتابية، باستخدام "أدوات الربط" في أجزاء الجملة العربية استخداما دقيقا ومناسبا على قدر الإمكان. ويأتي هذا الهدف استجابة طبيعية لما يعانيه الطالب في التعبير الكتابي حين يودّ وصل بعض العبارات في سياق معين أو ترتيب فكرة على أخرى، بانتقاء بعض الوسائل الأسلوبية الخاصة وما إلى ذلك.

وهذه الحاجة قد يحسّها طالب تم تزويده بالرصيد النحوي الزاخر بأنظمة التوافق والمطابقة في الجنس والعدد والحركة الإعرابية، ومع ذلك فإنه حين يكتب، يحسّ بافتقاره إلى بعض أمور لا يعالجها النحو. وتتضاعف الحاجة مع الطالب الضيف على اللغة العربية، وهو من يفكر غالبا باللغة الانجليزية، فيظل يبحث عن مقابل بالعربية لبعض الاستعمالات الاصطلاحية أو طرق الربط المتنوعة في لغته.

هنا تأتي أهمية هذا الكتاب في تدريب الطالب وإمداده بالأساسات الضرورية لأدوات الربط في فصائلها المتنوعة، سواء تعلق الأمر باختيار الأدوات التي تعين على تطويل الجملة، أو تلك التي تساعد على الاستطراد إلى فكرة، أو مخالفة رأي، أو استنتاج وجهة نظر، أو تعليل مسألة، ونحو ذلك.

ومن هذا المنطلق، تأتي دروس هذا الكتاب لتتفق في تحقيق الهدف العام، ولتختلف فيما بينها حسب نوعيات التعبير المستهدفة. ويصبح واضحا الآن أن ما نعنيه بأدوات الربط هو مجموعة الأدوات والوسائل التي قد تكون حروفا، أو تعبيرات، أو رواشم (كليشيهات) تتوجّه أساسا للربط بين الكلمات أو التعبيرات أو أنصاف الجمل أو الجمل التامة أو

٩

حتى الفقرات. ولهذا تأتي دروس الكتاب على النحو التالي:

أ– دروس تتناول أدوات الربط التي تربط بين كلمات أو جمل إما لتقاربها في الدرجة، أو لوجود علاقات معنوية بينها، وذلك مثل: و / فـ/ ثم/ وأيضا/ بالإضافة إلى/ كما..... إلى آخره.

ب– دروس تتناول الروابط التي تعين على تصور يناقض الفكرة الأصلية أو يختلف معها بأدنى نوع من النسبية، وذلك مثل: بل/ لكن/ إنما/ رغم/ مع أن ...... وهكذا.

جـ– دروس تتناول الروابط التي تعين على تعليل لفكرة أو استنتاج رأي، وذلك مثل: بسبب/ بفضل/ حيث أن/ لكي/ نتيجة لهذا/ ومن هنا ...... الخ.

د– دروس ضمّت من الروابط ما لا يندرج تحت واحد من الحيثيات السابقة، وهي روابط لا يجمع بينها في تصنيفنا هذا إلا رغبتنا في الاستجابة لحاجات الدارسين. وتحت هذا نجد روابط مثلا "للشرط" أو "التفصيل" مثل: إما ... أو، لا ... ولا، أو لمجرد التعبير عن زمن ما، مثل: لم يمضِ على ... حتى، مالبث أن ..... وغير ذلك.

وهذا الكتاب يأتي في ٢٧ درسا، تتبع في تصميمها نمطا ثابتا في كل مرة، حيث يسبق الدرسَ مربعٌ يضم كل أدوات الربط العربية المراد عرضها، وفي مقابلها الترجمة الإنجليزية، ثم يبدأ الدرس بنص عربي يحتوي على الروابط المقدّمة ولكنه هذه المرة من خلال الاستخدام الوظيفي، تتلوه الترجمة لتسهيل المهمة واختصار الوقت على الدارس. بعد ذلك، توجد أمثلة شارحة وموضحة، تعقبها ملاحظات تعزيزية في بعض الأحيان، ثم تبدأ التدريبات على الدرس، وهي جميعا تدريبات بنائية متنوعة تنتقل بالطالب من السهل إلى الصعب فالأكثر تعقيدا. ولذلك فإن هذه التدريبات تتدرج عادة من مجرد ملء فراغ، إلى تكميل أو تبديل،

وتجتاز إلى عمليات الإصدار الحقيقية والمتمثلة في تأليف الجمل أو الترجمة من الإنجليزية إلى العربية مما يمثل خطا مشتركا في تدريبات الدروس جميعها. هذا وقد روعي تخصيص عدد من دروس المراجعة هدفها تذكير الطالب بما درسه، بالإضافة إلى تثبيت ما تم تقديمه له من أنماط الروابط.

بقي أن نقول إن نصوص الكتاب كلها مستقاة في الأعم الأغلب من مصادر لغوية أصلية، وأنها تتنوع في أساليبها ومضامينها على حد سواء وإذ كان الهدف هنا يختلف عن هدف المؤلف الأصلي للنص، فقد أعطينا أنفسنا قليلا من حرية التصرف في النص بما يتلاءم والهدف العام من الكتاب، ونؤكد على أن ذلك قد تم في حدود ضيقة للغاية.

كذلك يهمنا أن نشير هنا إلى أننا في الترجمة، قد اعتمدنا -في غالب الأحيان- الترجمة الحرفية لعبارات الروابط بالذات، كي لا نبعد ولو قليلا عن الهدف الأصلي للكتاب، وهو الذي يتمثل في إمداد الطالب بالمقابل العربي لأدوات الربط التي يفكر فيها بلغته.

نأمل أن يفيد الطالب من دراسة هذا الكتاب، وأن تعينه دراسته لأدوات الربط في العربية المعاصرة، على استكمال تلك الحلقة المهمة في مجال التعبير الكتابي، ليصدر عن أداء جيد مقبول ودقيق. والله الموفق.

ناريمان نائلي الوراقي   أحمد طاهر حسنين

١١

الـدرس الأول

and, but, yet	وَ
then, and then, so, and so, for, therefore, immediately after, but	فَـ
and then, next	ثُمَّ
or	أوْ
or (mainly used in an interrogative sentence)	أمْ
(whether) .... or (in an indirect question)	أمْ

Read the following passage, noticing the connectors used:

وُلِدَ نجيب محفوظ في حي الجمالية وهو أحدُ الأحياء الشعبية في القاهرة ويقع بجانب مسجد الحسَين بالأزهر. كان والدُه موظفاً حكومياً ثم عمل في التجارة بعد ذلك.

كان محفوظ قارئاً ممتازاً فقد قرأ للمنفلوطي وترجم بعض أعماله. ثم قرأ لطه حسين والعقاد وسلامة موسى وإبراهيم المازني وتوفيق الحكيم وغيرهم. ولم يُهمل قراءة الأعمال الكلاسيكية سواء كانت عربية أم غربية.

وقد بدأ نشاطَه الأدبيَّ في سنٍ مُبَكِّرة وذلك بكتابة المقالة والترجمة. ثم اتجه لكتابة القصة القصيرة والرواية.

ويعَتبرُ محفوظ في الوقت الحاضر أشهرَ الروائيين العرب فقد ألَّفَ العديدَ من الروايات والقصص القصيرة التي نالت شهرة كبيرة سواء في مصر أو في البلاد العربية الأخرى.

تمت صياغة هذا النص ليشمل أدوات الربط، المراد تدريب الطلاب عليها.

Naguib Mahfouz was born in al-Jammaliya, one of the poorer (people's) quarters of Cairo which is situated near al-Husayn Mosque. His father had been a civil servant and then later worked in business.

Mahfouz was an excellent reader for he read books by al-Manfaluti and translated some of his works. Then he read from the works of Taha Hussein, al-Akkad, Salama Musa, Ibrahim al-Mazini, Tawfiq al-Hakim and others, and did not fail to read the classics whether Arabic or Western.

He began his literary activity at an early age by writing the eassay and by translation. Then he turned to writing the short story and the novel.

At present, Mahfouz is considered the most famous Arab novelist for he wrote a great number of novels and short stories, which gained fame whether in Egypt or in other Arab countries.

أمثلـــة:

١- ذهب علي ومحمد إلى روما وباريس.

٢- استطاع الطلاب أن يقرأوا ويكتبوا باللغة العربية بعد دراسة ثلاثة أشهر فقط.

٣- يعمل والدي أستاذاً ورئيساً للقسم في الوقت ذاته.

٤- يعمل أخي - وهو مهندس- في الكويت.

٥- قرأ المسألة عدة مرات ولم يستطع حلها.

٦- نجح محمد ورسب علي في الامتحان.

٧- خرج الأستاذ فالطالب.

٨- سأل الأستاذ طلابه سؤالا صعبا فلم يجبه أحد.

٩- سافر إلى أمريكا للدراسة ثم بعث برسالة إلى والده يخبره فيها بأنه سعيد جداً هناك.

١٠- بعد وفاة الرسول - صلى الله عليه وسلم- تولّى الخلافة أبو بكر ثم عمر ثم عثمان ثم علي.

١١- درستُ سنتيْن في جامعة القاهرة ثم تركتها والتحقت بالجامعة الأمريكية فتعلمت فيها كثيراً عن طرق البحث.

١٢- يريد أن يدرس اللغة الإنجليزية أو الفرنسية قبل سفره.

١٣- لايدري هل يقبل الدعوة أم يرفضها.

١٤- لست أدري هلى ألقى الأستاذ محاضرته أم أعتذر عنها!

Notes:

1. و : (i) as a coordinator (and): connects words, phrases, clauses, or sentences as items on the same level. Examples:

a. words — قابلت محمدا وعليا ونادية.

b. phrases — درست العربية في القاهرة وفي دمشق.

c. clauses

سلمت عليه وانصرفت

d. sentences

ألقى المحاضر محاضرة رائعة، وبعدها
صفق الحاضرون إعجاباً بالمحاضر.

(ii) Parenthetical و : introduces a clause parenthetically within another sentence, usually modifying the preceding noun or pronoun, and usually set off by dashes (– –) or commas. Often translated by <u>who</u>. Example:

رُقِّي الأستاذ محمد – وهو رئيسي في العمل – إلى درجة
مدير عام.

(iii) As an adversative (<u>but, and yet</u>): connects two clauses in an adversative relationship. This explains why و often precedes the adversative particles إنما، لكنَّ، لكنْ (see lesson 7 for complete explanation). Examples:

<u>but, yet, and yet</u>	حاولت مقابلته كثيرا ولم أستطع.
<u>not translated</u>	هو لا يهتم بالأدب الحديث ولكنه مهتم بالأدب القديم.
<u>and, but</u>	يتصرفون كأنهم أعداء وليسوا إخوة.
<u>not translated</u>	إنه لايكتب الشعر وإنما يكتب المقالة الأدبية.

The manifold meanings expressed by و cannot, in many instances, be translated into English. Very often it introduces a new sentence or paragraph and in this case it is usually dropped in English.

Also, in a string of three or more items و is normally repeated before each of them. When translated into English و is replaced by commas, except the last و in the string, which is translated as <u>and</u>. (See the above text.)

2. فـ is a particle of classification or gradation which

(i) implies immediate succession of action. Example:

في حفل الخريجين تكلم العميد فالرئيس فضيف الشرف.

(ii) may imply an arrangement in the narrative, indicating coordination together with the idea of development in the narrative. Examples:

so دعوته إلى حفلة عيد ميلادي فقبل الدعوة.

so طلب الرئيس مساعده فجاء اليه مسرعا.

(iii) may connect two clauses having a causal relationship showing the fact and its consequences. Examples:

so, therefore مرض الأستاذ فأُلغيت المحاضرة.

so, therefore قامت الحرب فَأَغْلَقت الحكومةُ المطارات.

for لقد حزن كثيرا على موت صديقته فقد كان يحبها جداً.

(iv) like و may connect two sentences which have an adversative relationship. One statement is usually affirmative and one is negative. Example:

but قال إنه وحده صاحب الفكرة فلم يصدّقه أحد.

(v) in conditional sentences may be used to introduce the result clause when it does not begin with a perfect or jussive verb. (See lesson 21 for complete explanation.) Example:

إن لم تشاهد الأهرامات فيجب أن تزورها معنا غدا.

(vi) introduces the main clause after the disjunctive أما and its phrase. (See lesson 22 for complete explanation.) Example:

أما المسرحية الأخرى فسوف أشاهدها الأسبوع القادم.

(vii) with the subjunctive introduces a clause that expresses the result or effect of a preceding clause. This type of فـ is called in Arabic فاء السببية or فاء الجواب. The preceding clause must

contain an imperative (affirmative or negative), or it must express a wish or hope or ask a question, or it must be a negative clause. The signification of ف in all these cases is equivalent to that of حتى. Its usage is rather rare in MSA. Examples:

١- اجتهدْ وادرسْ فتنجحَ.

٢- لاتهملوا دروسكم فتفشلوا.

٣- ليت لي حصانا فأركبَه كلّ يوم.

٤- هل قصّرت في واجبي فأعاقبَ؟

٥- لم أضايقه فيغضبَ مني.

3. ثم connects words and clauses, but implies succession with a pause or an interval. Example:

حضرت إلى الجامعة في الصباح ثم رجعت إلى الفندق في المساء.

4. أو expresses an alternative or opposition between the meanings of the words connected. It may be used in affirmative, interrogative, and negative sentences. Example:

١- سوف أسافر إلى الإسكندرية أو بورسعيد.

٢- هل زارني أو سأل عني أحد؟

٣- لن أزورك أو أسأل عنك.

٤- لم يحضر أو يعتذر.

5. أم (i) usually introduces the second alternative in an <u>interrogative</u> or <u>indirect</u> question. Examples:

هل ستسافر إلى الأسكندرية أم بورسعيد؟

لا أدري هل أقبل الدعوة أم أعتذر.

(ii) may precede an أنّ clause. Example:

هل أنتِ جادة أم أنَّك تسخرين مني؟

(iii) may be used in alternative constructions after سواء.
Example:

أحب الشعر العربي سواء كان قديما أم حديثا.

N.B. أم typically introduces two alternatives only one of which may be chosen, whereas أو introduces any number of alternatives, and you may correctly choose more than one.
Examples:

هل زارني أو سأل عني أو أرسل لي رسالة؟

(He may have done all of these or some or none).

هل أنت طالب أم أستاذ؟

(The answer may be one of the two alternatives).

تمرينات:

1. Fill in the blanks with the appropriate conjunctions:

١- خرج الأستاذ _____ الطالب معا.

٢- سافرت الزوجة _____ سافر زوجها بعد يومين.

٣- أحسّ بتعب شديد _____ طلب الطبيب على الفور.

٤- لقد دعاهم إلى مذهبه _____ لم يستجب له أحد.

٥- ليت لي طائرة _____ أزور بها العالم كله.

٦- لقد اشتغل بالتمثيل _____ اتجه إلى الإخراج.

٧- هذه الصورة تضم الممثلين _____ المخرجين _____ الفنانين الذين اشتركوا في الحفل.

٨- لا تقد سيارتك مسرعا _____ تصدم المارة.

٩- هل تفضل أن تستمع إلى الموسيقي _____ إلى الغناء؟

١٠- لا أدري هل أذهب إلى الحفلة _____ أعتذر.

١٩

١١- تحدث معي طويلا ـــــــــ أخّرني عن موعد الغداء.

١٢- هل سافر إلى لبنان ـــــــ سوريا ـــــــ مصر؟

2. Form four sentences using و.

3. Form four sentences using فـ to express different meanings.

4. Form two sentences using ثـم.

5. Form two sentences using أو and two using أم.

6. Translate the following sentences into Arabic:

1. They traveled to the United States and visited New York, Washington, and Chicago.
2. I read the book twice but I didn't understand it.
3. They (masc. dual) visited Egypt, then Algiers, and then Morocco.
4. His wife fell ill so he excused himself from attending the meeting.
5. He moved from Luxor to Cairo for he likes living in big cities.
6. The chairman of the committee and the secretary arrived first, then came the rest of the members.
7. He said that he and his brother had invented that machine but no one believed him.
8. Does she work as a doctor or a nurse?
9. They (fem. plural) will travel by train or by plane.
10. His father, who is the chairman of the committee, postponed the meeting till next week.
11. She studied literature at the American University in Cairo, then resumed her studies in the United States.
12. I succeeded in the examination, so I was hired by that company.

الدرس الثاني

while, as	وَ (واو الحال)

In this case, where "و" starts the circumstantial <u>hal</u> clause, it is followed by either:

1. A nominal sentence.
2. A verbal sentence.
   a) Perfect:
      i) Affirmative preceded by وقَدْ
      ii) Negative negated by وماَ or jussive + ولم
   b) Imperfect:
      i) Affirmative indicative (without using و).
      ii) Negative negated by لا

التاريخُ المصري مليء بأمثلةِ البطولة والكفاح فهذا أحمدُ عرابي الذي قام ومعه الجيشُ كله بثورةٍ قاومَ بها استبدادَ الحكام الأتراك والشراكسة، قام وقد آمن تماما بأنه يجب أن تُوضَع نهاية لكلِ أعداء البلاد.

مصطفى كامل أيضا تَزَعّمَ حركةً وطنية خالصة وهو في سِنّ الشباب داعياً إلى طرد العدو المغتصب كي تنالَ البلادُ استقلالَها. كان يكافحُ من أجل مصر، وظل يكافحُ وقد امتلأت نفسُه إيمانا وحماسة ووطنية.

دكتور محمد ضياء الدين الريس: الشرق الأوسط في التاريخ الحديث - ط. ثانية سنة ١٩٦٥ القاهرة - صفحة ٤١ (بتصرف).

Egyptian history is full of those who exemplify heroism and struggle. Among these is Ahmad ‘Urabi, who, with the whole army behind him, conducted a revolt, opposing the despotism of the Turkish and Circassian rulers. He rebelled, believing completely in the necessity of putting an end to all the enemies of the nation.

Mustafa Kamel also, while a young man, led a genuine nationalist movement calling for the expulsion of the usurping enemy to help the country achieve independence. He struggled on behalf of Egypt and continued to fight, full of faith, enthusiam and patriotism.

أمثلة:

(i)

١- سافر أخي إلى أمريكا وهو صغير.

٢- حضرتْ إلى الجامعة وهي تقود سيارتها.

٣- سَافَرَتْ وأبوها مريض.

٤- وَصَلَتْ فاطمة ومعها ابنتُها الكبرى.

٥- رأيتُ القاضي وبين يديه أوراقُ القضية.

(ii)

١- عاد من أمريكا وقد حصل على الدكتوراه.

٢- عاد من أمريكا وما حصل على الدكتوراه.

٣- عاد ولم يحملْ لنا أية رسائل.

(iii)

١- كتبت له تسأل عن سبب غيابه.

٢- عاد يحمل لنا عدة رسائل.

٣- عاد ولايحملُ لنا أية رسائل.

تمرينات:

1. Fill in the blanks with the appropriate words to form a hal clause:

١- وصلنا ______ نحمل كتبنا.

٢- عدت إلى بلدي ______ أكملت دراستي.

٣- خرج ______ ابنه الوحيد.

٤- سافرت ______ لاتعرف نتيجة الإمتحان.

٥- كانت تكتب الرسالة ______ أخوها.

٦- هاجرن إلى استراليا ______ فقيرات وعدن ______ غنيات.

٧- ترك الرئيس اللجنة ________ غاضب من معارضة الأعضاء.

٨- كان يرسمها ________ صورتها.

٩- بدأ الرئيس خطابه ________ وجهه ابتسامة.

١٠- عرفها ________ في العشرين من عمرها.

١١- دخلت علينا ________ لانشعر بها.

١٢- انتهت المباراة ________ فاز فريقنا بثلاثة أهداف.

2. Change the accusative hal in the following sentences into a hal clause. Examples:

دخل الصف ضاحكا. = دخل الصف وهو يضحك.

تركوا وطنهم فقراء. = تركوا وطنهم وهم فقراء.

قابلتهم مبتسمين. = قابلتهم وهم مبتسمون.

(وهم يبتسمون)

١- ترك الطلاب الجامعة مسرعين.

٢- هاجر من مصر صغيرا وعاد إليها كبيراً.

٣- انصرفت الطفلة باكية.

٤- ذهبتُ لأقابل مديري متسائلةً عن سبب غضبه مني.

٥- قابلتهم ضاحكين.

٦- شاهدتُها حاملةً عدةَ كتبٍ.

٧- سمعته متحدثاً بثقة كبيرة.

٩- رجعوا من الحفلة سعداء.

١٠- توقف عن شرح الدرس متسائلا: هل لديكم مشاكل؟

١١- وقفن خائفات من الأسد.

١٢- حضرا حاملَيْن إلى العروسيْن هدايا الزفاف.

N.B. Note the difference between the following two sentences:

circumstantial:

١- سافر محمد وهو طالب في كلية الطب إلى أمريكا.

Muhammad traveled to America when he was a student in the Faculty of Medicine.

parenthetical و :

٢- سافر محمد -وهو طالب في كلية الطب- إلى أمريكا.

Muhammad, who is a student in the Faculty of Medicine, traveled to America.

3. Combine each pair of sentences to form a sentence with a hal clause. Examples:

دخل الأستاذ الصف - بِيَدِ الأستاذِ كتابٌ.

دخل الأستاذ الصف وبيده كتاب.

سافر محمد إلى أمريكا - محمد طالب في كلية الطب.

سافر محمد إلى أمريكا وهو طالب في كلية الطب.

١-تزوجت فاطمة - فاطمة في العشرين من عمرها.

٢- وصل ضيف الشرف إلى الحفلة - مع ضيف الشرف زوجته.

٣- ذهب الطلاب في رحلة - مع الطلاب صديقاتهم.

٤- دخلت الطالبات الصف - الطالبات يضحكن.

٥- عاد الطالبان من انجلترا - الطالبان حصلا على شهادة الماجستير

٦- عاد الصحفي من القاهرة - لم يقابل الصحفي الرئيس.

٧- حضر الطالب إلى الجامعة - الطالب يركب دراجة.

٨- سافرت سامية إلى الإسكندرية - أبو سامية مريض بالقاهرة

٩- خرج رئيس الوزراء من مكتبه - كتب استقالته إلى رئيس الجمهورية.

١٠- ذهب المحامي إلى المحكمة - مع المحامي كل المستندات المطلوبة.

١١- رجعنا إلى بيتنا يوم العيد - أنفقنا كل ما معنا من نقود.

١٢- سرقت حقيبتي - بالحقيبة بطاقتي الشخصية.

4. Complete the following sentences with hal clauses:

١- دخل الأستاذ الصف ...

٢- رجع الطالب إلى بلده ...

٣- قابلتُ أصدقائي ...

٤- هاجر صديقي إلى أوروبا ...

٥- عاد إلى القاهرة ...

٦- سوف أزوره ...

٧- تزوجت فاطمة ...

٨- سافروا في رحلة حول العالم ...

٩- حضرن الحفلة ...

١٠- تخرجا من الجامعة ...

١١- يجب أن تذهبوا لمقابلة الرئيس ...

١٢- سوف نقابلهم ...

5. Translate the sentences with hal clauses in the previous drill into English.

6. Translate the following sentences into Arabic. Each sentence should contain a <u>hal</u> clause:

1. The student entered the class carrying two books.

2. The reporter came back having met the president (or after meeting the president).

3. She met her friend with a smile on her face.

4. My brother emigrated to the United States when he was twenty years old.

5. I returned to Egypt having completed my university studies.

6. He approved this law when he was the prime minister.

7. She returned without meeting the president of the university.

8. I will meet with him while he is in Cairo.

9. They returned to Egypt without obtaining their degrees.

10. She got married when she was twenty-five years old.

11. They (masc. dual) traveled around the world having (or with) two hundred pounds only.

12. They (fem. plural) traveled around the world not having any money.

7. Write a paragraph on a topic of your choice, trying to use in it as many forms of the <u>hal</u> clause as possible.

الدرس الثالث

also	أَيْضاً
also, likewise	كَذَلِكَ
in addition to	بالإضافة إلى ... فـ (optional)
(and) in addition (to that)	وَبِالإِضَافَةِ إلى هَذَا (ذَلِكَ) فـ....
besides, moreover	وإلى جَانِبِ هَذَا (ذَلِكَ) فَـ....
moreover, beyond that	وَفَوْقَ هَذَا (ذَلِكَ) فَـ....
likewise, similarly	كَمَا ← verb + كَمَا أَنَّ

الأستاذُ رينولد نيكلسون عَالِمٌ مشهور ومستشرق بارز، لقد كان رئيسَ قسمِ الدراساتِ الشرقية بجامعة كمبردج وبالإضافة إلى هذا كانت له دراساتٌ قَيِّمَةٌ في التصوُّف الإسلامي، وقام كذلك بترجمة بعضِ أشعار الصُّوفية إلى اللغة الإنجليزية.

وقد نالَ الأستاذُ نيكلسون تقديرَ زملائه من الباحثين الغربيّين كما أنّ بعضَ الباحثينَ العربِ يَرَوْنَ أنه كان شيخَ الباحثين في التصوّف الإسلامي في انجلترا وأيضاً فهم يعتبرونه الرائدَ الأولَ لهذه الدراسةِ هناك.

د. إبراهيم مدكور (إشراف وتقديم) - الكتاب التذكاري - محيي الدين بن عربي في الذكرى المئوية الثامنة لميلاده - القاهرة ١٩٦٩. النص مأخوذ من ص ٥ - الفصل الأول للدكتور أبو العلا عفيفي - بعنوان: ابن عربي في دراساتي (بتصرف)

Professor Reynold Nicholson is a well known scholar and outstanding orientalist. He was the Chairman of the Department of Oriental Studies at the University of Cambridge. In addition, he wrote valuable studies on Islamic Sufism. He also translated some Sufi poetry into English.

Professor Nicholson enjoyed the esteem of his colleagues in the West and similarly some Arab scholars consider that he was the dean of English scholars interested in Islamic mysticism, as well as the first pioneer in this field of study there.

أمثلة:

١- أقام المحافظ حفلا لتكريم أوائل الناجحين وبالإضافة إلى هذا قام (فقد قام) بتوزيع الجوائز على البارزين منهم.

٢- لقد خَصَّصَتْ فصلا طويلا من رسالتها لمناقشة المشكلات الاقتصادية في البلاد النامية كما أنها ركزت على علاقة ذلك بالانفجار السكاني.

٣- راتبه الشهري الآن حوالي مائة جنيه وبالإضافة إلى ذلك يحصل (فهو يحصلُ / فإنه يحصل) على مكافأة كل ثلاثة شهور وفوق هذا له دخل ثابت من مزرعته.

٤- أخي مهتم بالأدب العربي الحديث، كما أنه مهتم بالأدب الأمريكي.

٥- أخي مهتم بالأدب العربي الحديث، وبالإضافة إلى هذا فهو مهتم بالأدب الأمريكي.

Notes:

1. When ـفـ is used in the second part of the sentence it should be attached to قد if it is followed by a perfect verb (example 1, above), while ـفـ should be attached to a pronoun or إنَّ with a pronoun suffix if it is followed by an imperfect indicative or a noun (examples 3, 5, above).

   ١- كرَّم المحافظون أوائل الناجحين وبالإضافة إلى ذلك وزعوا (فقد وزعوا) الجوائز على البارزين منهم.

   ٢- راتبها الشهري الآن مائة جنيه وبالإضافة إلى ذلك فهي تحصل (فإنها تحصل) على مكافأة كل ثلاثة شهور.

   ٣- أصدقائي مهتمون بالأدب العربي، وبالإضافة إلى هذا فهم مهتمون بالأدب الأمريكي.

   Thus this ـفـ is different from the ـفـ of gradation and classification explained in lesson 1.

تمرينات:

1. Complete the following sentences:

١- لقد درس فن الموسيقي وأيضاً ـــــــــــ.

٢- ـــــــــــ وبالإضافة إلى ذلك فقد سافر إلى إيطاليا عدة مرات.

٣- دعوتهم على الغداء و كذلك ـــــــــــ.

٤- إنه يملك الآن مزرعة ومصنعاً وعددا من السيارات وفوق هذا ـــــــــــ.

٥- إنها جميلة ومؤدبة كما أنها ـــــــــــ.

٦- ـــــــــــ كما اشترى له تذكرة العودة.

٧- ـــــــــــ وبالإضافة إلى هذا فقد كان فقيرا جدا.

٨- لقد طردوه من المصنع وحرموه من مكافآته وفوق هذا ـــــــــــ.

٩- ـــــــــــ كما أن له ولدين من زوجته السابقة.

١٠- لقد كتب عدة مقالات في الجرائد اليومية وإلى جانب هذا فقد ـــــــــــ.

١١- ـــــــــــ وفوق ذلك فَقَد رغبته في فن الرسم.

١٢- شاهدنا فيلما أجنبيا وكذلك ـــــــــــ.

2. Join each of the following pairs as shown in the example:

رحلات في مختلف أنحاء العالم - جمع المال

becomes:

لقد قام برحلات عديدة في مختلف أنحاء العالم فاستفاد خبرات متعددة وفوق هذا فقد جمع كثيرا من المال.

١- الشهرة بكتابة الشعر - تأليف القصة القصيرة.

٢- اشتراكه في المسابقات الرياضية - الشهرة العالمية.

٣- النجاح في العمل - الحصول على جوائز الدولة.

٤- ترك الوظيفة - ترك المدينة

٥- كتابة مقالات أدبية - كتابة بعض القصائد.

٦- ارتفاع ثمن التذكرة - أفلام مملة

٧- تقديم طعام رديء - سوء الخدمة

٨- إهمال عائلته - إهمال صحته

٩- امتلاك سيارتين - شراء سيارة جديدة

١٠- حرارة الجو - ازدحام الطرق

١١- فقر الزوج - الرغبة في الزواج بأخرى

١٢- سرقة البيت - قتل الحارس

3. Fill in the blank with the appropriate connector:

١- سافر إلى انجلترا و ______ إلى فرنسا.

٢- أعطاها كتاب أدوات الربط ______ أهداها معجم هانزفير.

٣- إنهم ليسوا أصدقائي ______ فأنا لاأعرف من يكونون.

٤- نتحدث اللغة التركية ______ الانجليزية والأسبانية.

٥- زرته الأسبوع الماضي ______ زرت والده من قبل.

٦- إنها مشغولة دائما فهي زوجة وأم ______ موظفة في بنك.

٧- أكلوا ثلاث أو أربع مرات ______ فقد شاركونا طعام العشاء.

٨- إنه يُدمن مشاهدة المسلسلات الأجنبية ______ يحب الأفلام العربية.

٩- قرأت مسرحيته الأخيرة ______ مقالته التي نشرها أمس.

١٠- كانت المسافة كبيرة بين بيته والسينما ـــــــــ كان الفيلم مملاً للغاية.

١١- إنه مشهور بتعليقاته الساخرة ـــــــــ جادّ في الوقت المناسب.

١٢- باع سيارته لأنها قديمة جدا ـــــــــ صغيرة لاتناسب أسرته.

4. Translate the following:

1. She went to the library and also to the grocery store.

2. He gave her a precious gift, and in addition he gave her a gold ring.

3. He is not my friend, I do not know anything about him. Besides, I do not know his address.

4. She knows Arabic in addition to the English and French languages.

5. They are specialists in the Arabic language. Likewise, they are linguists.

6. I visited Italy last year. Moreover, I visited France and England the year before.

7. She is a wife and a mother. Moreover, she works in a trade company.

8. I have visited some of the historical places in Cairo and Alexandria in addition to Luxor.

9. She gave her poor friend some money in addition to some of her old clothes.

10. He writes short stories and also short plays.

11. They left this apartment because it is small. Moreover, the rent is high.

12. He is famous because of his wonderful poems; likewise his sister is famous because of her beautiful paintings.

5. Write a paragraph using the connectors of this lesson.

الدرس الرابع

الَّذِي	who, whom, that, which, whose
اَلَّتي	
اللَّذَانِ (اللَّذَيْنِ)	
اللَّتانِ (اللَّتَيْنِ)	
الَّذِينَ	
اللَّاتِي (اللَّائِي، اللَّواتِي)	

إذا كان موقف الإسلام من حرية العقيدة هو مبدأ "لا إكْراهَ في الدِّينْ" ففيمَ كانت الغزواتُ التي قام بها الرسولُ محمد والفتوحاتُ التي قام بها الخلفاءُ الراشدون؟

والرَّدُ على ذلك أنها لم تكن لِحَمْلِ الناس على اعتناق الإسلام بالقوة بدليل المُصالحات والمعاهدات التي تمَّت بين الرسول وخصوم الدعوة الذين رغبوا في ترك الحرب وبدليل العهود التي أعطاها الخلفاءُ الراشدون لِمَنْ يريد السلام من غير المسلمين، وإنما كانت هذه الغزواتُ والفتوحات لتأمين الدعوة من أعدائها الذين يريدون القضاءَ عليها.

ولم تكن حريةُ العقيدة وَحْدَها هي التي اهتم الإسلامُ بتحقيقها. فهناك الحرياتُ الأخرى التي أعلنها مثل حرية العبادة والحرية الشخصية وحرية القول والنقد والحرية المدنية لكل من يتمتع بأهلية التصرف.

ولهذا نستطيع القولَ بأنَّ الإسلام الذي نادي بالمساواة وحق التعليم، وآمَّن الناسَ على حياتهم وأمر الأغنياء بمساعدة الذين هم في حاجة إلى المساعدة قد أعلن حقوقَ الإنسان قبل أن تُعْلِنَها الثورةُ الفرنسية وقبل أن تُعْلِنَها هيئةُ الأمم المتحدة.

د. عبد المنعم البهي "حقوق الإنسان" - مجلة العربي، العدد ١٣٦، مارس ١٩٧٠ - ص ٢٠-٢٣ (بتصرف)

If the attitude of Islam concerning freedom of religion was "There is no compulsion as to religion," then why were (there) the expeditions which the Prophet conducted, and why the conquests which the Orthodox Caliphs undertook?

The answer to this is that they were not (intended) to cause people to adopt Islam by force, as proved by the peace terms and treaties which were concluded between the Prophet and the

opponents of the Islamic mission, and as proved by the pledges
<u>which</u> the orthodox caliphs made to those <u>who</u> sought peace with
the non-Muslims. Those expeditions and conquests were (intended)
only to safeguard the Islamic mission against those enemies <u>who</u>
wished to impede them.

Freedom of religion was not the only freedom <u>which</u> Islam took
care to realize. There were other freedoms <u>which</u> it announced,
such as freedom of worship, personal freedom, freedom of
expression and criticism, and civil freedom for everyone <u>who</u>
possesses full adult rights.

Therefore, we can state that Islam — <u>which</u> called for equality
and the right of education, and gave assurance to people of their
lives, and demanded that the rich help those <u>who</u> are in need of
help — called for human rights long before the French Revolution
and the United Nations organization did so.

أمثلة:

١- وصل المدير الذي أسَّس المصنع منذ عشرين سنة.

٢- وصلت المديرة التي أسست المصنع منذ عشرين سنة.

٣- هذا هو المصنع الذي أُسِّس منذ عشرين سنة.

٤- وصل المديران اللذان أسسا المصنع منذ عشرين سنة.

٥- وصل المديرون الذين أسسوا المصنع منذ عشرين سنة.

٦- هذا هو المصنع الذي أسسه المدير منذ عشرين سنة.

٧- هذا هو المدير الذي تحدثت معه عن المصنع أمس.

٨- حضر الذي هو صديقي.

٩- حضرت اللتان هما صديقتاي.

١٠- نظر المدير إلى خريطة المصنع التي أمامه ودرسها
باهتمام.

١١- نظر المدير إلى خريطة المصنع التي على الحائط.

١٢- قرأت الرسالة التي أرسلها لي أخي.

١٣- قرأت رسالة أرسلها لي أخي.

١٤- هذا هو الكاتب الذي يقرأ له الجميع.

١٥- هذا كاتب يقرأ له الجميع.

Notes:

1. The relative clause is an adjectival clause modifying the antecedent.

    The role of the relative pronoun (the connector) is to join the relative clause with the antecedent. Examples:

relative clause	relative pronoun	antecedent
نجح في الامتحان ←	الذي ←	حضر الطالب

The <u>student who</u> succeeded in the exam came.

| أخوه صديقي ← | الذي ← | هذا هو الطالب |

This is the <u>student whose</u> brother is my friend.

2. The relative pronoun (الاسم الموصول) must agree with the antecedent in <u>number</u>, <u>gender</u>, and <u>case</u>. Examples:

حضر الطالبان اللذان نجحا في الامتحان.

(الطالبتان اللتان ...)

قابلتُ الطالبين اللذين نجحا في الامتحان.

(الطالبتين اللتين ....)

3. The relator (العائد) is the pronoun or pronoun suffix in the relative clause which refers back to the antecedent. It must agree with the antecedent in <u>number</u> and <u>gender</u>.

4. When the subject of the verb in the relative clause is the same as the antecedent, that verb agrees with the antecedent in <u>number</u>

and <u>gender</u>, and no independent pronoun or pronoun suffix appears as relator. Examples:

حضرت الطالبات اللواتي <u>نجحن</u> في الامتحان.

حضر الطلاب الذين <u>نجحوا</u> في الامتحان.

5. When the relator is the object of the verb in the relative clause the relator is a <u>pronoun suffix</u> attached to the verb and agrees with the antecedent in <u>number</u> and <u>gender</u>. Examples:

هذا هو الطالب <u>الذي قابلته</u> في الحفلة.

This is the student (masc.) <u>whom I met</u> at the party.

هذه هي الطالبة <u>التي قابلتها</u> في الحفلة.

This is the student (fem.) <u>whom I met</u> at the party.

In this case the relative pronoun is translated as <u>whom</u>. Note that the pronoun suffix is <u>not</u> translated into English.

6. When the verb in the relative clause takes a preposition, the relator is a pronoun suffix attached to that preposition and agrees with the antecedent in <u>number</u> and <u>gender</u>. Examples:

هذا هو الطالب <u>الذي تحدثت معه</u> أمس .

This is the student with <u>whom</u> I talked yesterday.

هؤلاء هم الطلاب <u>الذين تحدثت معهم</u> أمس .

These are the students with <u>whom</u> I talked yesterday.

(The pronoun suffix is not translated into English.)

7. The relative clause may be either a verbal sentence (as in the previous example) or a nominal sentence, which is less common. Examples:

هذا هو الطالب <u>الذي كتابه معي</u>.

This is the student <u>whose book</u> is with me.

نظرت إلى الصورة التي (هي) أمامي.

I looked at the picture which is before me.

The subject (هي) is usually deleted before a prepositional adverbial phrase. Example:

نظرت إلى الصورة التي (هي) على الحائط.

I looked at the picture which is on the wall.

8. Sometimes the antecedent is omitted when it is understood. Examples:

الذي نجح في الامتحان سامي.

The one who succeeded in the exam is Sami.

إن الذين يكافحون في الحياة ينجحون.

Those who struggle in life succeed.

9. In all the preceding sentences the antecedent is definite. If it is indefinite, then we will have an adjectival clause and not a relative adjectival clause. Hence the adjectival clause is not preceded by a relative pronoun:

هذا أستاذٌ ألّفَ كتابا عن مصر

This is a professor who wrote a book about Egypt.

(Note that although الذي does not exist in the Arabic sentence, who is essential in the English sentence. This is why, for ease of reference, we may call such a sentence an indefinite relative clause. Compare examples 12 and 14 to 13 and 15.)

10. If the relative pronoun is followed by a verb, the relative pronoun and the verb can sometimes be replaced by a definite participle of the verb functioning as an adjective to the

antecedent. If the verb is active, then the active participle replaces it:

حضر الطالب الذي نجح في الامتحان

← حضر الطالب الناجح في الامتحان

If the verb is passive, the passive participle replaces it:

هذه هي الموضوعات التي بُحثت في الاجتماع

← هذه هي الموضوعات المبحوثة في الاجتماع

تمرينات:

1. Fill in the spaces with the suitable relative pronoun:

١- قرأت الرسالة ______ وصلتني أمس.

٢- الطالبتان ______ نجحتا في الامتحان النهائي نالتا عدة جوائز.

٣- المهندسون ______ أشرفوا على إنشاء النفق سيصلون اليوم.

٤- أخوه ______ حصل على درجة الماچستير في العلوم سينشر بحثه قريبا.

٥- أنا ______ ساعدته في عبور الشارع لأنه كفيف البصر.

٦- لقد تزايد النشاط ______ تمارسه هذه الجمعية.

٧- تصفحت المقالتين ______ نشرهما أستاذي في العام الماضي.

٨- اشتريت الكتاب والقاموس ______ طلبهما الأستاذ.

٩- تكلمت مع السيدات ______ أشرفن على هذا الحفل.

١٠- الولدان ______ كانا هنا تركا لك هذه الرسالة.

١١- المُدَرِّسَةُ _____ علمتني اللغة العربية مصرية.

١٢- الكتب _____ طبعت العام الماضي لم تصلنا.

2. Complete the following sentences using subjects and relative pronouns:

١- _____ _____ _____ تجلس في الحديقة كبيرة السنّ.

٢- _____ _____ أُسِّسا في هذه المدينة كبيران.

٣- _____ _____ في المكتبة رخيصة.

٤- _____ _____ رأيتهن جميلات جداً.

٥- _____ _____ اشتريتهما سمينتان.

٦- _____ _____ أمامي جديدة.

٧- _____ _____ ساعدوني سافروا في بعثة.

٨- _____ _____ قابلتهم أصدقائي.

٩- _____ _____ قام بالتمثيل صديقي.

١٠- _____ _____ _____ ركبتهما أثناء الرحلة صنعتا في اليابان.

١١- _____ _____ _____ اشتريتها غالية جداً.

١٢- _____ _____ شاهدناها في المتحف قديمة جداً.

مَـنْ	he who, the one who, whoever, those who (for humans)
مَـا	that which, whatever, that (non-human)
كُـلُّ مَـنْ	everyone who
كُـلُّ مَـا	everything that
مِمَّا (مِنْ مَـا) – الأمـر الذي (+ verb)	a fact which

أمـثـلـة:

١- قـابـلـتُ مـن رأيـتـهُ فـي الحفلـة أمـس.

٢- سـمـعـتُ مـاقـلـتَـه.

٣- تـكلـمتُ مـع مـن رأيـتـهُ فـي الحفلـة أمـس، إنـه رجـل طـيـب.

٤- تـكلـمت مـع مـن رأيـتـهـا فـي الحفلـة أمـس، إنـهـا سـيـدة طـيـبـة.

٥- تـكلـمتُ مـع كلّ مـن رأيـتـهـم فـي الحفلـة أمـس، إنـهـم رجـال طـيـبـون.

٦- لـقـد عـمـلـتُ بـكـلِّ مـا اقـتـرحـتَـه عـلـيّ فـشـكـرا لـك.

٧- لـقـد أجـابـهـم الأسـتـاذ عـمـا سـألـوه.

٨- هـذا مـن تـحـدثـت مـعـه أمـس.

٩- مـرض مـرضـا شـديـدا ممـا اضـطـره إلـى الاعـتـذار عـن الحفلـة.

Notes:

1. من and ما are indefinite relative pronouns which include their antecedents whithin themselves. Hence no antecedent appears before them.

2. When the object of the verb after من or ما refers to either of them, then it is optional to attach a pronoun suffix to the verb.

قابلت من رأيته (رأيت) في الحفلة أمس.

سمعت ما قلته (قلت).

3. When the verb takes a preposition, a pronoun suffix agreeing with the referent must be attached to that preposition.

هذا من تحدثت معه أمس.

هذه من تحدثت معها أمس.

3. Replace the general relative pronouns من and ما with the specific relative pronouns الذي / التي / الذين etc. Examples:

حضرت من قَابلنا أمس

← حضرت (السيدة) التي قابلناها أمس.

هذا ما قرأت أمس ← هذا هو (الكتاب) الذي قرأته أمس.

١- قابلتُ من قابلتَها عند المدير.

٢- سمعت ماقاله لي أستاذي.

٣- عملنا بما نصحنا به.

٤- حضرت مع من شاركوني في بحثي.

٥- تعاونوا مع من ساعدوهم.

٦- نظرت إلى ما أعجبني.

٧- ذهبنا مع من سألنا عن العنوان.

٨- تناقش مع من ألقت المحاضرة.

٩- لقد حاولنا ما حاولتموه.

١٠- تحدثت مع من قابلتهما أمس.

١١- أعجبني ماكتبوه.

١٢- وَجَدَتْ ماضاع منها.

4. Translate the following sentences into Arabic:

1. Taha Hussein is the author who wrote *al-Ayyam*.

2. These are the two girls who sent the letter.

3. This is the book which I read with interest.

4. I met a group of students who were interested in studying the Arabic language.

5. The girl whose father is the manager of this company worked in the same company.

6. Those who study well will succeed in the exam.

7. That is the book which I was looking for.

8. The director received the (female) employees who were appointed recently.

9. You must discuss this subject with everyone who is interested in it.

10. The civil war in Lebanon lasted for more than ten years, a fact which made many Lebanese leave their country.

11. He who works hard will succeed in his life.

12. Whatever you buy from this shop will be very expensive.

5. Write six sentences, each containing a different relative pronoun.

6. Write a paragraph about a well-known personality, using different relative pronouns.

الدرس الخامس
مراجعة على الدروس من الأول حتى الرابع

1. Fill in the blanks with the appropriate connector:

١- اشتغل مدرسا في مدرسة ثانوية ـــــــ ترك مهنة التدريس واشتغل بتأليف الكتب.

٢- إنه رجل لطيف وطيب ـــــــ فإن له زوجة مثقفة.

٣- قابلت الأستاذيْن ـــــــ علماني اللغة العربية.

٤- رأيته في الحفلة ـــــــ معه أخته.

٥- زرت باريس ولندن ـــــــ زرت عددا آخر من بلدان أوربا.

٦- عملت بـ ـــــــ نصحني به.

٧- البنات ـــــــ وصلن أمس أمريكيات.

٨- هذه هي الشركة ـــــــ عملت بها سنتين.

٩- الرجل ـــــــ شاهدناه في المتحف ليس قريبي.

١٠- هاجرت ـــــــ هي في الثلاثين من عمرها.

١١- خرج الأستاذ من الصف ـــــــ قد ألقى محاضرة قيمة.

١٢- تحدثت مع ـــــــ عملوا معي في السفارة.

2. Rearrange the following words to form complete sentences:

١- الطبيب - فـ - طلبت - على الفور - حضر.

٢- يعمل - رئيسا - والدي - للقسم - و - أستاذا.

٣- تذهب - فـ - كتابك - مسرعا - لا - فتنسى.

٤- عن - معها - أخرتها - فـ - تحدثت - الموعد.

٥- الامتحان - نتيجة - لاتعرف - سافرت - وهي.

٦- ضاعت - وبها - كتب - الحقيبة - ثلاثة.

٧- حفلة - هدية - قدمنا - للمدير - كما - أقمنا - له.

٨- هي - تحدثت - المديرة - معها - التي - هذه.

٩- كل - قدم - مساعدة - لي - من - شكرت.

١٠- إلى - ستسافر - أم - الإسكندرية - هل - بورسعيد؟.

١١- يمتلك - كما - سيارات - ثلاث - يمتلك - منزلين - محمد.

١٢- وطننا - و - فقراء - تركنا - نحن.

3. Connect each pair with the appropriate connectors, making any necessary changes:

١- قرأ محفوظ لطه حسين	قرأ لتوفيق الحكيم
٢- دعوته للحفلة	قبل الدعوة
٣- قامت الحرب	أغلقت المطارات
٤- ربما أسافر إلى الأسكندرية	ربما أسافر إلى بورسعيد
٥- مات الزوج	ماتت الزوجة
٦- قرأت الكتاب الصعب	لم أفهمه
٧- سافرت إلى أمريكا	كنت صغيرا حين سافرت
٨- تذكرة السينما غالية	فيلم ممل
٩- امتلاك بيتين	شراء بيت جديد
١٠- قابلت المدرس	هو أستاذ اللغة العربية
١١- تكلمت مع سيدة لطيفة	السيدة قابلتها فى الحفلة
١٢- دخل الطلاب الصف	الطلاب يضحكون

4. Fill in the blanks in the following paragraph with one of the connectors which you have studied:

أنت تقرأ في كتاب ـــــ في صحيفة ساعة وراء ساعة، أنت إذن تستمع إلى ـــــ يُكتب. فـفن القراءة هو فن الاستماع إلى ـــــ يُكتب ـــــ يُرسم ـــــ يُعزف. وأكثر الناس تعلما أكثرهم انصاتا. ـــــ يتكلم معظم الوقت هو ـــــ يعيد ويزيد ـــــ يعرفه ـــــ ـــــ يتعلم كيف يسكت ـــــ كيف يتأمل هو الأكثر علما ـــــ الأكثر استعدادا لذلك .

أنيس منصور: "مواقف"، جريدة الأهرام القاهرية، ١٩٩٠/٦/٧.

5. Translate into Arabic:

1. The meeting was attended by the director, his assistant, his secretary, and the rest of the employees.
2. She came to the university with two books in her hand.
3. I read books in history, geography, philosophy, in addition to books in literature.
4. The professor who gave this lecture was Ahmad's father.
5. They (fem. plural) will visit Beirut or Damascus.
6. He is a physician. Moreover, he is a talented painter.
7. Unemployment became a serious problem in this city, a fact which drove many people to emigrate to other countries.
8. The professor entered the class smiling.
9. Those whom you met yesterday are my friends.
10. Will they (masc. plural) visit Egypt or Lebanon?
11. He came back from England without obtaining his degree.
12. She left Cairo because she does not like big cities. Besides, the weather did not suit her health.

الدرس السادس

before	قَبْلَ ← + pr. suffix / v.n. / demons. / noun (all in genitive case)
after	بَعْدَ ← (same as قَبْلَ)
time + before	قَبْلَ + ← بـ ← + noun of time
time + after	بعد + بـ (same as قبل .... بـ)
before (to express past, present, or future). Note that the previous verb tense determines the time of قبل أن clause)	قبل أنْ + subjunctive
after (to express present or future)	بعد أنْ + ← subjunctive
(to express past time)	بعد أنْ + ← perfect

If بعد أن is preceded by a perfect in the main clause, it is also followed by perfect; if it is preceded by imperfect or future in the main clause, it is followed by a subjunctive.

بعد ما + ← perfect or indicative

تَمَّ إنشاءُ مدينةِ بغدادَ في القرن الثامن الميلاديّ أيْ قَبْلَ تأسيسِ مدينة القاهرة بِقرنين تقريبا. وقد أسَّسها الخليفةُ العباسيّ المنصور بَعْدَ أنْ تَوَلَّى الخلافةَ بَعْدَ الخليفةِ العباسيّ الأول المُلَقَّب بالسَّفَّاح. وقَبْلَ أنْ تُشْتَهَرَ باسْم بغدادَ كان اسمُها دارَ السلام.

وبَعْدَ تأسيس بغداد بِمدة قصيرة أصبحت مركزا حضاريا مشهورا يُقبل عليه المسلمون وغيرُ المسلمين من مختلفِ مناطق العالم وبَعْدَ أنْ أصبح هارون الرشيد خليفةً ومنْ بَعْدِهِ ابنُه المأمون زاد عدد سكانها عن مليون نَسَمَةٍ في رأي بعض المؤرخين.

د. بيتر عبود وآخرون – العربية المعاصرة – المرحلة المتوسطة – القسم الأول – ص ٦٧ (بتصرف)

The city of Baghdad was established in the eighth century (A.D), i.e., two centuries before the establishment of Cairo. The Abbasid caliph al-Mansur established it after he became caliph following (after) the first Abbasid caliph, who was nicknamed al-Saffah (Blood-shedder). Before it became famous under the name of Baghdad, its name was Dar al-Salam,"the city of peace."

Shortly after its foundation, Baghdad became a famous cultural center, visited by Muslims and non-Muslims from different parts of the world. After Harun al-Rashid became caliph and following him (and after him) his son al-Ma'mun, its population exceeded a million in the opinion of some historians.

أمثلة:

(a)

١- سافر محمد قبل عليّ.(قبله). - سافر محمد قبل علي بيومين.

٢- سافر محمد بعد عليّ. (بعده). - سافر محمد بعد علي بأسبوع.

٣- سافر محمد قبل بدء الدراسة. - سافر محمد قبل بدء الدراسة بشهر.

٤- سافر محمد وبعد ذلك سافر عليّ.

(b)

١- سافر محمد قبل أن يسافرَ علي.

٢- سافر محمد بعد أن سافر علي (بعد ما)

٣- يسافر محمد بعد أن يسافرَ علي.

٤- سيسافر محمد بعد أن يسافرَ علي.

٥- سيسافر محمد بعد ما يسافرُ علي.

تمرينات :

1. Fill in the blanks with the appropriate form of قبل أن / قبل or بعد أن / بعد :

١- سيكتب مقدمة كتابه الجديد ______ يرسله للطبع.

٢- سوف أقابله ______ عودته من أمريكا لأستمع إلى تقريره عن مباحثاته هناك.

٣- أُلغي النظام الملكي في مصر ______ قيام ثورة ٢٣ يوليو ١٩٥٢.

٤- سيعود إلى واشنطن ______ يكمل مباحثاته في باريس.

٥- عاد إلى واشنطن ــــــ أكمل مباحثاته في باريس

٦- ــــــ يبدأ مباراته مع خصمه كان عليه أن يتدرب كثيرا.

٧- كتب إليها رسالة ــــــ خروجه من السجن يقول فيها إنه قد تاب.

٨- ــــــ فجر ذلك اليوم استطاع أن يرتكب جريمته في الظلام.

٩- اشتغل بالزراعة ــــــ أنهى خدمته العسكرية.

١٠- تناول طعام العشاء ــــــ ينام ــــــ نصف ساعة.

١١- اتصل بالبوليس ــــــ اكتشافه السرقة.

١٢- طلقها ــــــ الزواج ــــــ شهرين.

2. Complete the following using بعد أن / قبل أن / بعد / قبل :

١- لقد طَمْأَنَهُمُ الطبيبُ ــــــ إجراء العملية لوالدهم.

٢- أنا أحافظ دائما على أداء الصَّلَوَاتِ في مواعيدها ولهذا فقد صَلَّيْتُ المغرب ــــــ العصر.

٣- أخي الأصغر وُلِدَ ــــــ وأنا وُلْدْتُ ــــــ.

٤- قالت الأم لابنتها : كلي ــــــ تعودي من النادي.

٥- زرته مرتين في بيته ــــــ زارني في مكتبي.

٦- لماذا لم يحصلوا على وظائف ــــــ تخرجهم من الجامعة؟

٧- اِعْتَدتُ أن أُطْفِئَ نورَ غُرفة نومي ــــــ أنام.

٨- نقلوه إلى المستشفى ــــــ الحادث مباشرة.

٩- حضروا إلى القاهرة ______ تركوا قريتهم.

١٠- ستكمل دراستها ______ يتم الزفاف.

١١- اتصل اللص بزميله ______ يرتكب الجريمة.

١٢- كان سعيدا جدا ______ حصوله على الجائزة.

3. Change from verbal nouns to أَنْ clauses, making the necessary changes. Examples:

بعد سفره حاول الاتصال بي

← بعد أن سافر حاول أن يتصل بي

بعد سفره سيحاول الاتصال بي

← بعد أن يسافر سيحاول أن يتصل بي.

١- بعد إلقاء خطابه قرَّر عَقْدَ مؤتمر صحفي.

٢- قبل مغادرتي المطار حاولت الاتصال به.

٣- بعد حصولي على جواز سفر سأحاول السفر للخارج.

٤- بعد عودتهم من لبنان رَأَوْا تأجيلَ الاجتماع.

٥- قبل تَأْميمه قناةَ السويسِ حاول مناقشة الموضوع مع مستشاريه.

٦- بعد تناول طعام العشاء أراد مشاهدة التلفزيون.

٧- بعد قراءته الرسالةَ أراد نشرَها على نَفَقَته.

٨- قبل هجومهم على العدو حاولوا معرفة نَوْعَ سِلاحه.

٩- بعد ولادتها بالمستشفى حاولوا الاتصال بزوجها.

١٠- قبل هروبه من السجن حاول تدبير خُطّة مع الحارس.

١١- بعد تخرّجه من الجامعة قرَّر الاشتغال بالزراعة.

١٢- قبل قيادتها السيارةَ حاولت التأكّد من سلامتها.

4. Fill in the blanks with بعد ..... بـ / قبل ..... بـ adding any necessary words:

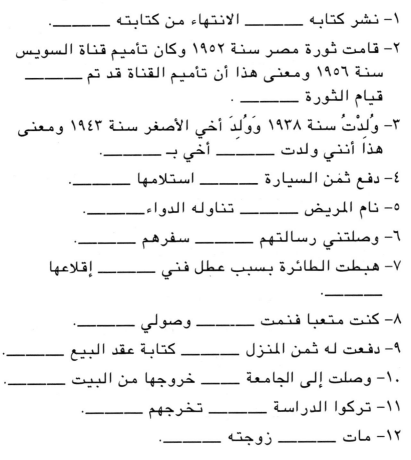

١- نشر كتابه ______ الانتهاء من كتابته ______.

٢- قامت ثورة مصر سنة ١٩٥٢ وكان تأميم قناة السويس سنة ١٩٥٦ ومعنى هذا أن تأميم القناة قد تم ______ قيام الثورة ______.

٣- وُلِدْتُ سنة ١٩٣٨ وَوُلِدَ أخي الأصغر سنة ١٩٤٣ ومعنى هذا أنني ولدت ______ أخي بـ ______.

٤- دفع ثمَن السيارة ______ استلامها ______.

٥- نام المريض ______ تناوله الدواء______.

٦- وصلتني رسالتهم ______ سفرهم ______.

٧- هبطت الطائرة بسبب عطل فني ______ إقلاعها ______.

٨- كنت متعبا فنمت ______ وصولي ______.

٩- دفعت له ثمن المنزل ______ كتابة عقد البيع ______.

١٠- وصلت إلى الجامعة ____ خروجها من البيت ______.

١١- تركوا الدراسة ______ تخرجهم ______.

١٢- مات ______ زوجته ______.

5. Rewrite the following sentences using بعد ... بـ or قبل .... بـ making the necessary changes while keeping the same meaning:

وُلِدَ محمد سنة ١٩٥٠ وولد ماجد سنة ١٩٦٠.

← وُلِدَ محمد قبل ماجد بعشر سنوات.

← وُلِدَ ماجد بعد محمد بعشر سنوات.

١- حصلت على الليسانس سنة ١٩٦٤ ثم حصلت على الماجستير سنة ١٩٦٨.

٢- قامت ثورة مصر في ٢٣ يوليو سنة ١٩٥٢ وطُرِدَ المَلكُ يوم ٢٦ يوليو من نفس السنة.

٣- قامت الدولة الأمويّة في القرن السابع الميلادي أما الدولةُ العباسية فقامت في القرن الثامن الميلادي.

٤- قامت الحرب بَيْنَ مصرَ وإسرائيلَ في ٦ أكتوبر سنة ١٩٧٣ وتُوُفِّي طه حسين في نفس العام في ١٦ أكتوبر.

٥- سافر إلى انجلترا سنة ١٩٥٠ وعاد منها سنة ١٩٥٦.

٦- نشر مقالة في شهر أغسطس ثم نشر كتابه في شهر أكتوبر.

٧- بَدَأت الجلسة في الساعةِ الحاديةَ عشْرةَ واخْتُتِمت في الساعةِ الثانيةَ عشْرة.

٨- سافر في بعثة لمدة أربعة أعوامٍ حَصَلَ في نهايتها على شهادةٍ في الإخراج المسرحي.

٩- اَقْلَعَت الطائرةُ لمدة عَشْرِ دقائق ثم عادت إلى المطار ثانيةً.

١٠- دخلت الجامعةَ سنة ١٩٧٠ وتخرجت منها سنة ١٩٧٥.

١١- حضروا لزيارتنا يومَ الجمعة الماضي وسافروا يومَ الأحد.

١٢- دخل المريضُ المستشفى في الساعةِ التاسعةِ صباحا، وأُجْرِيَتْ له بعضُ الفحوصِ والتحاليلِ في حَوَالي الساعةِ الحاديةَ عشْرَةَ.

6. Translate the following sentences into idiomatic Arabic:

1. Cairo was established after the rise of the Fatimids in Egypt.
2. Cairo was established a few years after the rise of the Fatimids in Egypt.
3. He returned from England after obtaining a doctoral degree in English literature.

4. The president met the men of the press a short while before the cabinet meeting.

5. He always prays to God before beginning to work.

6. She graduated from the university two years before she got married.

7. They postponed the meeting and will set another date for it in three weeks.

8. He wrote his second book ten years after his first one.

9. She applied for a job after her graduation.

10. She always reads before she sleeps.

11. The famous singer sang some beautiful songs before the celebration began.

12. They will meet at the club in the afternoon and after that they will go to the movies.

7. Form five sentences or a paragraph using the connectors explained in this lesson.

الدرس السابـع

<table>
<tr><td>however, but</td><td dir="rtl">negative + (لكنْ (لكنَّ ← + affirmative</td></tr>
<tr><td></td><td dir="rtl">affirm. + (لكنْ (لكنَّ ← + neg.</td></tr>
<tr><td>however, but, and even, rather</td><td dir="rtl">affirm. ← + بـل ← + neg.</td></tr>
<tr><td>however, but, but then,
on the contrary</td><td dir="rtl">affirm. ← + إنّمـا ← + neg.</td></tr>
<tr><td>only</td><td dir="rtl">إنّمـا = مـا ... إلّا</td></tr>
<tr><td></td><td dir="rtl">لا ... إلّا</td></tr>
</table>

زَعَمَ بعضُ الباحثين والمفكرين أنَّ عصرَ السحر سَبَقَ عصرَ الدينِ وقالوا إنه في زَمَنٍ مَا ظَنَّ الإنسانُ أنه قادرٌ على السيطرةِ على قُوى الطبيعة بالسِّحرِ ولقد حاول ذلك مراتٍ ومرات وكثيراً مافشلَ ولكنّه لم يَيْأس بل لَجَأ إلى قوى أُخرَى مِثْل الأرواحِ والآلهةِ ليُحَقِّق عن طريقها ما عَجَزت عنه الأساليب السحرية.

هذا الزعم لا تُؤيِّده الأدلة التاريخية وذلك لأنَّ السحرَ والدين يعيشان جنباً إلى جنب في ظل الجماعات البشرية- قديمها وحديثها ... والتمييزُ بين السحر والدين لا يقوم حقيقةً على تسلسل تاريخي إنما الفارقُ الوحيدُ بَيْنَهُما هو في طبيعة ووظيفة النظم والأفكار والممارسات في كل منهما.

حبيب سعيد - أديان العالم - القاهرة - د. ت. ص ١٠ (بتصرف)

Some researchers and thinkers claim that the era of magic preceded the age of religion. They hold that at one time man thought he was able to dominate natural forces through magic, and that he tried to do this many times but generally failed. However, man did not despair but rather resorted to other powers such as spirits and gods in order to accomplish through them what magic methods had failed to achieve.

This claim is not supported by any historical evidence since both magic and religion can live side by side in any human community—ancient or modern. The distinction between magic and religion is not actually based on any historical sequence. *The only difference between them lies in the nature and function of the institutions, thoughts, and practices of each.

*Note: The connector إنما does not require any English word to translate it here, though Arabic style requires it.

أمثلـة:

١- حضر سعيد لكنَّ علياً لم يحضر.

٢- حضر سعيد لكنْ عليٌ لم يحضر.

٣- لم أقابله شخصيا لكني تحدثت مع سكرتيرته.

٤- لم أقابله شخصيا بل تحدثت مع سكرتيرته.

٥- لم أقابله شخصيا إنما تحدثت مع سكرتيرته.

٦- لم يتقدم للامتحان وإنما أعدّ بحثاً.

Notes:

1. The principal adversative particles in Arabic are لكنَّ (لكنْ), بل, and إنما.

2. (i) لكنْ or لكنَّ is often preceded by و . It is more particulary opposed to

a) a preceding negative proposition:

لم أساعدها ولكني تعاطفت معها.

I did not help her <u>but (only)</u> sympathized with her.

b) a prohibition:

لا تصاحب الأشرار لكن الأخيار.

Befriend not the wicked people <u>but (instead)</u> the good ones.

(ii) When introducing a nominal clause, لكنّ requires the subject to be put in the accusative, whereas لكنْ leaves it in the nominative. Examples:

محمد موظف لكنَّ صديقَه عاملٌ.

محمد موظف لَكِنْ صديقُه عاملٌ.

(iii) لكنْ is used before verbs. Example:

لا يريد البقاء في المنزل ولكنْ يريد الذهاب الى المكتبة.

He does not want to stay at home but to go to the library.

(iv) لكنْ and لكنَّ are said to be used للاستدراك to rectify or emend the previous statement. See Wright, Vol. II. pp. 333-34.

3. (i) بل (like لكن) is opposed to

a) a preceding negative. Example:

لم أساعدها بل تعاطفت معها.

or

b) a prohibition. Example:

لا تصاحب الأشرار بل الأخيار.

Here, بل is said to be similar to لكن, used also للاستدراك.

(In the above two cases, بل (or إنما) has the same meaning as لكن and may be used interchangeably.)

(ii) بل can be opposed to either an affirmative proposition or a command. Examples:

زارني صديقي أحمد بل صديقي محمد.

My friend Ahmad visited me. Oh! it was Muhammad.

ليحضر الجلسة عضوان بل ثلاثة.

Let two (no, three) members attend the session.

Here, بل is said to be used للإضراب to denote turning away or digressing from what preceded. This is rare in MSA. (See Wright, II, pp. 334-35.)

4. (i) إنما is a particle of limitation or restriction (حرف حصر). It stands at the beginning of a proposition.

إنما الصدقات للفقراء.

The obligatory alms are only for the poor.

إن فهمنا لأدوات الربط إنما يكون عن طريق دراستها دراسة وافية.

Our understanding of the connectors is made possible only through studying them fully.

(ii) إنما, like لكن and بل, is commonly used as an adversative particle and as such must be preceded by a negative clause. Examples:

لم أقابله وإنما أرسلت له رسالة.

لم يتقدم للامتحان وإنما أعد بحثا.

(iii) Sometimes إنما seems essential in Arabic but does not require any translation into English. See the English translation of the passage at the beginning of this lesson.

تمرينات:

1. Fill in with suitable word(s):

١- لن ــــــ في السفارة، بل سيعمل في شركة طيران.

٢- ذهب إلى الحفلة سعيدا، ولكنه ــــــ منها بعد قليل.

٣- لم ــــــ ولكنه قابل سكرتيرتها.

٤- لم أكن بالبيت وقتها، إنما كنت ــــــ.

٥- لايُهِمُّ تأخير صُنْعِها، بل ــــــ هو نَوْعِيَّةُ الصنع.

٦- سيعمل بالخارج لمدة سنتين، ولكن لن ــــــ بيته.

٧- لقد ظننتُ أن المشكلة بسيطة، ولكنها كانت ــــــ مما تصورّت.

٨- ليس الفرق بينهما هو المركز الاجتماعي، إنما الفارق الأهم هو ــــــ.

٩- لم يكن موظفا، ــــــ كان مجرد طالب.

١٠- سوف يعطونهم حجرة في الفندق، ــــــ لن يقدموا لهم أية وجبات.

١١- لم يسافر معها إلى السودان، بل ــــــ في القاهرة.

١٢- حاولت أن تسعده وهي مريضة ــــــ لم تستطع.

2. Contrast the following ideas using لكنّ, بل, or إنما:

١- لن يناقشهم في هذا الموضوع ________________.

٢- لم يحاول منعهم من استخدام القوة ________________.

٣- لن يقود سيارته الجديدة ________________.

٤- سوف يحصل على وظيفة محاسب ________________.

٥- هي ليست في البيت الآن ________________.

٦- لن يعمل في جريدة الأخبار ________________.

٧- قد يحضرون حفل الزواج ________________.

٨- لا تضيع وقتك ________________.

٩- لم أقرأ قصة ألف ليلة وليلة كلها ________________.

١٠- لم أدرس لغاتٍ أجنبيةً مع مدرس ________________.

١١- سوف آخذك إلى المطعم ________________.

١٢- قد أدفع له شيئا من الثمن ________________.

3. Rewrite the following sentences using بل while keeping the meaning. Example:

هو ممثل وليس مطربا. ← هو ليس مطربا بل هو ممثل.

١- هي تكتب في صحيفة الأهرام ولاتكتب في صحيفة الأخبار.

٢- سنسافر إلى الإسكندرية ولن نسافر إلى بيروت.

٣- شاهدوا مسرحية ولم يشاهدوا الفيلم.

٤- حصلت على وظيفة في شركة تجارية ولم أحصل على وظيفة في بنك.

٥- أُطْلُب مقابلة المدير ولاتَطْلُبْ مقابلة السكرتيرة.

٦- مَثَّلَتْ على مسارح بيروت ولم تمثل على مسارح القاهرة.

٧- هو صديق أخي وليس صديقي.

٨- اشتريت كتبا ولم أشترِ ملابسَ.

٩- درست العربية ولم أدرس اللغة الفرنسية.

١٠- أنْجَبَتْ ثلاثَ بناتٍ، ولم تنجب ولدا.

١١- شاهدنا الأهرام ولم نشاهد "أبا الهول".

١٢- عاصَرنا الحربَ ولم نشترك فيها.

4. Join each pair of the following using لكن ,بل, or إنما when appropriate and making the necessary changes. Example:

الفقر - السعادة

← كان صديقي هذا فقيرا ولكنَّه كان سعيدا في حياته.

١- المرض - الاستقرار في العمل

٢- الأمية - حل المشاكل

٣- الثراء - التعاسة في الحياة

٤- القراءة الكثيرة - ضيق الأفق

٥- عدم امتلاك سيارة - معرفة قيادة السيارات

٦- بطء القطار - الرحلة مسلية

٧- قلة الذكاء - النجاح في الامتحانات

٨- عدم التدخين - المرض

٩- نقص المواد الخام - تفوُّق الصناعة

١٠- كِبَر السنّ - الصحة الجيدة

١١- التعليم والخبرة - الحظ السعيد

١٢- الحضور إلى الجامعة - الاعتذار عن إلقاء المحاضرة

5. Translate the following sentences into Arabic:

1.He is an engineer, but his brother is a physician.

2. He did not go to her party. However, he sent her a nice present.

3. They do not live in Cairo but they work there.

4. She is not happy in her new job but rather sad.

5. Success and fame are only for the hard workers. [begin with إنما]

6. I will work after my graduation from the university, but my friend will continue his studies.

7. He bought a new dress for his wife, but she did not like it.

8. They visited France last summer, but they did not go to Paris.

9. Ali talks too much. However, his sister is very quiet.

10. He was not happy at all with their behavior, but rather disappointed.

11. I invited her to my wedding. However, she did not come nor did she apologize.

12. She works in a bank, but her sister works in an oil company.

6. Form six sentences, using لكن, بل, and إنما twice each.

الدرس الثامن

لَمْ + jussive ← فَحَسْبُ، بَلْ ... (أَيضا) not only but also (as well)

لَمْ + jussive ← فَقَط، بَلْ ... (كَذَلِكَ) not only but also (as well)

The imperfect verb is negated by لا or لَنْ and nominal
sentences (or parts of them) are negated by لَيْسَ

لا + indicative ← ... فَحَسْبُ، (فَقَطْ)، بَلَ .... أَيضاً

لَنْ + subjunctive ← ... فَحَسْبُ، (فَقَطْ)، بَلَ ... كَذَلِك

لَيْسَ + nominal sentence ← ... فَحَسْبُ، (فَقَطْ)، بَلَ ... كَذَلِك

٦٧

المُجْتَمَعُ المصْريُّ في القَرْنِ الثَّامنَ عَشَرَ كان مجتمعا صغيرا لم يَزِدْ عَدَدُ سُكَّانه على أرْبَعَةِ ملايين نَسَمَةٍ، وهذا المجتمع لم يَكُنْ مجتمعاً زراعياً فحسب بل كان مجتمعاً إقطاعيا كذلك. والإقطاع هنا كان يَتَمَثَّلُ في نظام "الالتزام" ومعناه أنْ تَتولَّى طَبَقَةٌ من الأثْرياء دَفْعَ الضرائب مُقَدَّماً إلى الحكومة ثُمَ تتولى هذه الطبقة جَمْعَها من الفلاحين بَعْدَ ذلك وبالطريقة التي تُعْجِبها.

وَبِمُرور الزَّمنِ لَمْ يَعُدِ الأمر مقصورا على وظيفة جمع الضرائب فَقَطْ من جانب "المُلْتَزِمين" بل تَطَورَ إلى تَحَكُّمٍ كاملٍ في الفلاحين والأراضي أيضاً.

د. محمد أنيس، د. السيد رجب حراز - ثورة ٢٣ يوليو ١٩٥٢ وأصولها التاريخية - دار النهضة العربية، ١٩٦٩ - ص ٢١ (بتصرف)

Egyptian society in the eighteenth century was a small society whose population did not exceed four million. This society was not only agricultural but also feudal. Here the feudal system took the form of tax-farming *(iltizam),* which meant that a class of wealthy people would pay taxes to the government in advance and then later on undertake collection of these taxes from the peasants by any means they liked.

Over the course of time, the practice was no longer restricted to the collection of taxes by the *multazim*, but developed into complete control of the peasants and the land as well.

أمثله:

١- لم يشاهدوا الحادث فحسب، بل إنهم اشتركوا فيه أيضا.

٢- لم تمارس هوايتها في الجامعة فقط، بل امتد نشاطها إلى المعارض العامة.

٣- لا أحب الموسيقى الشرقية فقط، بل الغربية كذلك.

٤- ليست فاطمة صاحبة هذا الفندق فقط، بل لها فندقان آخران.

٥- لن أسافر إلى أمريكا فقط، بل إلى كندا كذلك.

تمرينات:

1. Fill in the blanks using the appropriate form of the connectors in this lesson:

١- _____ يعمل في الصحافة _____، بل يعمل كاتبا مسرحيا _____.

٢- _____ يحضر الندوة _____، بل إنه أدار المناقشة _____.

٣- _____ المهم أن تقرأ الكتاب _____، بل أن تفهمه _____.

٤- نجيب محفوظ من أهم كُتّابِ القصة في العالم العربي _____بسبب موضوعاته القَيمة _____، _____ بسبب براعته الفنية _____.

٥- _____ يسافر أخي إلى لندن _____، _____ سافر إلى باريس _____.

٦- طه حسين مشهور _____ في مصر _____، _____ في جميع أنحاء العالم العربي.

٧- ـــــــ يكتب "يوسف إدريس" القصة القصيرة ـــــــ، ـــــــ كتب المقالة والرواية ـــــــ.

٨- ـــــــ نشترِ البيتَ الواقع غَرَبَ النِّيل ـــــــ، ـــــــ اشترينا البيتَ الواقعَ شَرْقَ النِّيلِ ـــــــ.

٩- ـــــــ المهم أن تشتري كتبا كثيرة ـــــــ، بل أن تقرأها وتَسْتَوعِبَها ـــــــ.

١٠- صديُقنا كريمُ جدا، لم يَصْحَبْنا إلى الكازينو ـــــــ، ـــــــ دعانا لزيارته في بيته ـــــــ.

١١- لم يرسل لها رسالة ـــــــ، ـــــــ أرسل لها برقية ـــــــ.

١٢- هو لايهتم بدراسة الشعر ـــــــ، ـــــــ يكتبه.

2. Rewrite the following sentences using the functional connector explained in this lesson. Example:

هو ممثل ومخرج

← هو ليس ممثلا فقط، بل هو مخرج أيضا.

١- هي ساكنة وصاحبة البيت.

٢- يدرس التمثيل والإخراج.

٣- هو خبير في الشئون الإفريقية والآسيوية.

٤- يعملون في الصناعات الخفيفة والثقيلة.

٥- "محمد عبد الوهاب" من أشهر الفنانين في مصر والعالم العربي كله.

٦- يحبون الشعر التقليدي والحر.

٧- زرنا مدينتيْ بيروت ودمشق.

٨- حضر المؤتمر ممثلو ورؤساء الدول.

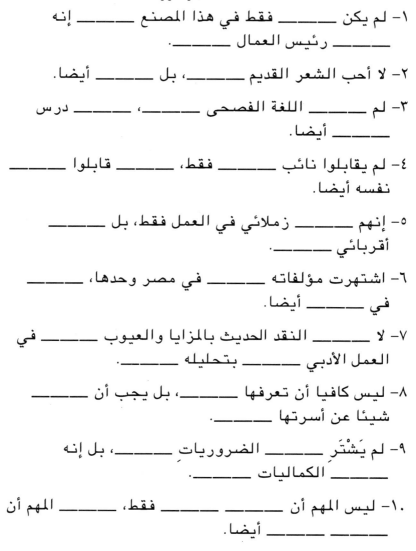

٩- يشتغلون في الحكومة والقطاع الخاص.

١٠- سَاعَدْتُ أُسْرتي وأسرةَ زوجتي.

١١- شاهدوا في القاهرة أفلاما عربية وأجنبية.

١٢- اشْتُهِرَ المصريون القدماء بِفَنِّ المِعْمَارِ والتَّحْنِيط.

3. Fill in the blanks with appropriate words:

١- لم يكن ______ فقط في هذا المصنع ______ إنه ______ رئيس العمال ______.

٢- لا أحب الشعر القديم ______، بل ______ أيضا.

٣- لم ______ اللغة الفصحى ______، ______ درس ______ أيضا.

٤- لم يقابلوا نائب ______ فقط، ______ قابلوا ______ نفسه أيضا.

٥- إنهم ______ زملائي في العمل فقط، بل ______ أقربائي ______.

٦- اشتهرت مؤلفاته ______ في مصر وحدها، ______ في ______ أيضا.

٧- لا ______ النقد الحديث بالمزايا والعيوب ______ في العمل الأدبي ______ بتحليله ______.

٨- ليس كافيا أن تعرفها ______، بل يجب أن ______ شيئا عن أسرتها ______.

٩- لم يَشْتَرِ ______ الضرورياتِ ______، بل إنه ______ الكماليات ______.

١٠- ليس المهم أن ______ ______ فقط، ______ المهم أن ______ ______ أيضا.

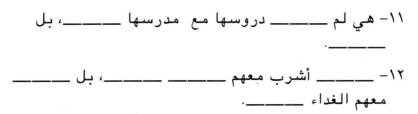

١١- هي لم ـــــــ دروسها مع مدرسها ـــــــ، بل ـــــــ.

١٢- ـــــــ أشرب معهم ـــــــ ـــــــ، بل ـــــــ معهم الغداء ـــــــ.

4. Translate the following into Arabic:

1. She was not only interested in traveling but in reading as well.

2. He was not only a student but also a businessman.

3. I did not visit Jerusalem only but Damascus as well.

4. They (masc. dual) do not study Arabic lirerature only but Islamic history as well.

5. They (fem. plural) will not meet the president only, but also his wife.

6. Cairo is not only the capital of Egypt but the largest city in Africa as well.

7. They (masc. plural) will construct hotels not only in the Middle East but in the Far East as well.

8. He fought not only with his brother but with all the members of his family.

9. Our teacher is loved not only by his students but by other teachers as well.

10. She not only sent a letter to her friend but telephoned her as well in order to invite her to the reception.

11. She not only invited Mary but her sisters as well.

12. He not only resigned from his job but wrote the reasons for his resignation as well.

5. Form six sentences, two for each of the connectors studied in this lesson.

الدرس التاسع

in spite of, despite — رَغْمَ / بِرَغْمِ / بالرَغْمِ من

+ noun / v.n. ... فـ* + pronoun /

/ preposition

/ negative particle

/ imperfect/perfect + قد

/ إنَّ

/ هُنَاكَ

سَـ / سَوْفَ

although, in spite of the fact that — رَغْمَ (بِرَغْم) (بِالرَّغْمِ مِنْ)

+ أنَّ ... فـ + (same as above)

although — مَعْ أنَّ ... فَـ + (same as above)

مع أنَّ ... إلا أنَّ + noun in acc. / demonstrative / pronoun

* فـ is an optional stylistic device except before either قد or إنَّ where it is obligatory.

رَغْمَ أَنَّ القُرْآنَ كَانَ المَصْدَرَ الأَسَاسِيَّ لِكُلِّ مَا يَتَعَلَّقُ بِحيَاة المُسْلمِـين فإنَّ الفُقَهاء عُمُـومـا قـد اسْتَـنَدوا إلى أصولٍ أَخْـرَى هِي الحدِيثُ والإجْمَاعُ وَالقياسُ.

وَبِرَغْمِ رُجوعِ الفُقَهاء إلى هَذه الأُصولِ في كلِّ مَاظَهَرَ لَهُمْ مِنْ مُـشكِلاتٍ فَإِنَّ تَطبِـيـقَـهُم لِهَذه المَصَـادِرِ قَـد اتَّخَـذَ أشكالاً مُتَعَدِّدَة.

صاغ المؤلفان هذا النص لتتمثّل فيه أدوات الربط المراد شرحها.

Although the Qur'an was the basic source for all matters relating to the lives of Muslims, the jurists in general depended on other sources: The prophetic tradition *(hadith)*, consensus *(ijma')* and analogy *(qiyas)*.

In spite of the fact that the jurists went back to those sources in all the problems they faced, (yet) their application of these sources took numerous forms.

أمثلـــة:

١- رغمَ مَرضِهِ فقد قرّر أن يَحْضُرَ الاجتماع.

In spite of his illness, he decided to attend the meeting.

(رغم مرضه = برغم مرضه = بالرغم من مرضه)

٢- رغمَ أنه (مع أنه) مريض فقد قرّر أن يَحْضُرَ الاجتماع.

Although he was ill, he decided to attend the meeting.

or

In spite of the fact that he was ill, he decided to attend the meeting.

٣- رغم صعوبة الامتحان فقد أَجَبْتُ على جميع الأسئلة.

٤- رغم صعوبة الامتحان فقد أَنْجَحُ في الامتحان.

٥- رغم صعوبة الامتحان فَإنّي أجَبْتُ على جميع الأسئلة.

٦- رغم صعوبة الامتحان فأنا واثقٌ من النجاح.

٧- رغم صعوبة الامتحان فلن أرْسُبَ فيه.

٨- رغم صعوبة الامتحان هناك أملٌ في نجاحي.

٩- رغم صعوبة الامتحان من المتوقع أن أنجحَ فيه.

١٠- رغم صعوبة الامتحان لم أكُنْ خائفا.

١١- مع أن الامتحان صعبٌ إلا أنني مُتَأكِّدٌ من النجاح.

١٢- مع أن الامتحان صَعْبٌ فأنا متأكد من النجاح.

تمرينات:

1. Fill in the spaces using the most suitable words:

حبه - سكنه - فقد - بالرغْمَ من أنّ - غَنِيّ - برغم - رغم - يَقَظَة - نجاحه - فقير - يحصلوا - يعطفون.

١- ______ الطالبة ذكية فإنها تخاف من الامتحانات.

٢- رغم أنه ______ فقد امتنع عن التبرع للفقراء.

٣- رغم سفر المدير المفاجئ ـــــــ أنجز العمل كله.

٤- برغم ـــــــ بعيدا عن الجامعة فإنه يصل مكتبه في الموعد المحدد.

٥- ـــــــ مرضه فقد يحضر الاجتماع.

٦- رغم ـــــــ لها فقد قرر ألا يتزوجها.

٧- مع أنه ـــــــ فإنه يرفض المكافأة.

٨- ـــــــ وجودها بيننا فإنها دائما كانت تشعر بالوحدة.

٩- بالرغم من ـــــــ لم يحصل على الدرجات النهائية.

١٠- رغم ثرائهم فإنهم لا ـــــــ على الفقراء.

١١- بالرغم من ـــــــ الحارس فقد تسلل اللص إلى القصر

١٢- مع أن شروط الوظيفة سهلة فلم ـــــــ عليها.

2. Complete the following sentences appropriately:

١- مع أنها جميلة فإنها ـــــــ.

٢- بالرغم من هزيمتهم فقد ـــــــ.

٣- مع أني حاولت إقناعه فلن ـــــــ.

٤- برغم قراءتها الرسالة لم ـــــــ.

٥- مع أنهن قريباتي من المتوقع أن ـــــــ.

٦- برغم مؤهلاتك المناسبة فهناك ـــــــ.

٧- بالرغم من وعودهم الطيبة فأنا ـــــــ.

٨- رغم ثقتهم به فقد ـــــــ.

٩- مع أنه غني جداً فإنه ـــــــ.

١٠- رغم سفرنا المفاجئ فإننا قد ـــــــ.

٧٦

١١- بالرغم من دراستها في باريس فإنها ــــــــــ .

١٢- مع أن المسرح ليس بعيدا عن بيتنا فإننا ــــــــــ .

3. Use the appropriate connectors:

١- مع أنه فقير ــــــــــ تبرع بمائة جنيه.

٢- برغم وصولهم مبكرين ــــــــــ يستطيعوا مقابلة المدير.

٣- بالرغم من أني نمت مبكراً ــــــــــ أستيقظ مبكراً.

٤- بالرغم من سهولة الأسئلة ــــــــــ رسب في الامتحان.

٥- مع أن الدرس صعب ــــــــــ فهمه الطلاب.

٦- بالرغم من كثرة الموارد في البلد ــــــــــ مشكلات عديدة.

٧- برغم اعتقال زوجها ــــــــــ متأكدة من براءته.

٨- رغم تفوقه في السباحة ــــــــــ يحصل على الجائزة.

٩- بالرغم من عثوره على شقه مناسبة ــــــــــ يجد العروس اللائقة بعد.

١٠- رغم حبي للقهوة ــــــــــ أشربها منذ يومين وحتى الآن.

١١- مع أني لم أحصل على تأشيرة دخول ــــــــــ سمحوا لي بالدخول.

١٢- برغم ثقتهم الكبيرة في الفَوْزِ ــــــــــ خسروا المباراة.

Note that when we reverse the order of the previous sentences, the connector ـف should be dropped. Example:

تَبَرَّعَ (قد تبرع) بمائة جنيه رغم أنه فقير.

4. Reverse the order of the sentences in drill 3. Remember that you should not use فـ.

5. Form new sentences based on the following sentences and phrases using رغم or مع أن. Example:

حبه لوطنه – هجرته إلى أمريكا.

← رغم أنه يحب وطنه فقد هاجر إلى أمريكا.

١- الملابس قديمة – الذهاب إلى الحفلة

٢- الوصول مبكرا – عدم رؤيتها

٣- سهولة الدرس – صعوبة الفهم

٤- مضايقة الأبناء – حب الآباء

٥- الانتهاء من البحث – عدم التخرج

٦- الحصول على وظيفة – البحث عن وظيفة

٧- لون الفستان غريب – شراؤها الفستان

٨- حرارة الصيف – العمل خلاله

٩- قرب المسرح – ركوب سيارة

١٠- ظلام الطريق – التعرف على البيت

١١- هدوء البحر – عدم السباحة

١٢- جمال الحفلة – الانصراف مبكرا

6. Translate the following sentences into Arabic:
   1. In spite of his continuous attempts he failed to complete the project.
   2. In spite of the heavy rain they resumed their travel yesterday.
   3. Although he was not her friend, he helped her to a great extent.

4. They completed the building of the dam in spite of the many difficulties which they faced.

5. He opposed the government's policy although he is a senior official in the Ministry of Foreign Affairs.

6. Although the book is very expensive, I bought it.

7. In spite of the fact that they are friends they opposed each other in the committee.

8. In spite of his illness, the president insisted on attending the meeting.

9. In spite of his poverty, he was able to provide his children with a good education.

10. Although she is my neighbor, I do not like her.

11. She refused to help Muhammad although she had known him for a long time.

12. He attended the final examinations in spite of his father's death.

7. Write five sentences of your own using a رَغْمُ phrase.

8. Write a paragraph beginning with بالرغم من المطر الشديد.

الدرس العاشر
مراجعة على الدروس من السادس حتى التاسع

1. Fill in the blanks with the appropriate connectors:

١- ـــــــ وصولي إلى الجامعة ـــــــ ساعة واحدة تسلمت البرقية.

٢- ـــــــ لم نكمل الكتاب حتى الآن ـــــــ درسنا معظم الدروس.

٣- هم ـــــــ ينقدون التمثيليات الإذاعية ـــــــ، ـــــــ ينقدون الأفلام التلفزيونية ـــــــ.

٤- ـــــــ المهم أن تقابله شخصياً، ـــــــ الأهم أن تقنعه بوجهة نظرك.

٥- ـــــــ كبير السن فإنه يحب الرياضة.

٦- ربما يناقشون الموضوع ـــــــ الجلسة الافتتاحية مباشرة.

٧- ـــــــ نزر مدينة بيروت ـــــــ، ـــــــ زرنا دمشق ـــــــ.

٨- لقد تعودنا على أن نغسل أيدينا ـــــــ الأكل ـــــــ.

٩- ـــــــ أنها جميلة ـــــــ إنها لم تتزوج حتى الآن.

١٠- ـــــــ كِبَرِ سنّه فإنه يحب الرياضة.

١١- ـــــــ عدم ثقتي بهم ـــــــ أشترك معهم في المشروع.

١٢- كانت مريضة جدا ـــــــ كانت متفائلة جداً.

2. Rearrange the following words to form complete sentences:

١- يقابلها - عودتها - بعد - سوف.

٢- في - الشركة - بل - الجامعة - في - أعمل - لن.

٣- طبيب - هو - فقط - أيضا - أستاذا - يكن - بل - لم.

٤- حضوره - بـ - بعد - ساعة - وصلوا.

٥- يسافر - مرضه - فقد - غدا - رغم.

٦- الاشتغال - بعد - قَرَّرَ - تخرجه - التجارة - بـ.

٧- سمير - بـ - قبل - سنتين - وُلِدَ - فريدة.

٨- أنه - للفقراء - فقد - فقير - مع - تَبَرَّعَ.

٩- لكني - لم - كَلَّمْتُ - أقابله - زوجته.

١٠- فقط - الأدب العربي - ولكنه - الأدب الغربي - يقرأ - أيضا - لم - قرأ.

١١- عاد - القاهرة - المباحثات - بعد - إكمال - إلى - في - باريس - الوفد.

١٢- أيضاً - أن - الأهم - ليس - تقرأ - ولكن - أن - فحسب - تفهم - المهم - ما تقرأه.

3. Use each of the following connectors in a sentence to indicate its meaning:

١- قبل ... بـ ... .

٢- لم ... بل ... .

٣- لم يكن ... فحسب، بل ... أيضا.

٤- إنما ... .

٥- برغم ... فـ ... .

٦- بعد أن ... .

٧- مع أنك ... فـ ... .

٨- ... بل ... .

٩- بعد ما ... .

١٠. رغم ... فـ ... .

١١- قبل أن ... .

١٢- ليس ... فقط، بل ... كذلك.

4. Translate the following sentences into Arabic: ˙

  1. The president held a press conference after he returned from his official visit to Britain.

  2. He entered Cairo University but did not graduate from it.

  3. She obtained not only her B.A. from this university but her M.A. as well.

  4. Although he is the chairman of the committee, he did not attend the last meeting.

  5. I arrived at the airport two hours before the plane took off.

  6. These books are not for adults but are only for children.

  7. He is not only the director of this company but also its owner.

  8. In spite of her protests, the council approved the project.

  9. He will return before noon and leave after midnight before his brother's arrival.

  10. He did not agree to stand for election; instead, he agreed to support the party candidate.

  11. They will not only live in Aswan, but they will buy a house there as well.

  12. In spite of the fact that they are not Egyptians, they defended Egypt's point of view in the Security Council.

الدرس الحادي عشر

because of, on account of, by reason of ... بِسَبَبِ

/ genitive v.n. / genitive noun + ←
demonstrative / pronoun suffix

in view of, due to نَظَراً لِـ + ← v.n. ... فَـ / فَقَدْ

(بِسَبَبِ and نَظَراً لِـ can be used interchangeably. However نَظَراً لِـ can start a sentence, and in this case فَـ or فَقَدْ may be used in the result clause.)

because, on the grounds that نَظَراً لأَنَّ ... فَـ

thanks to ... بِفَضْلِ

/ genitive v.n. / genitive noun + ←
demonstrative / pronoun suffix

(used to justify favorable clauses only)

نَظَراً لأنَّ الأدبَ الأندلسي كان صورة للأدبِ المَشْرقي أَوْ مُحاكاةً له فَقَدْ لَقِيَ كثيرا من إهمال الدارسينَ العربِ. وليسَ معنى ذلك أنَّه لم يُدْرَسْ فَهُناك دراساتٌ عديدةٌ له ولكنّها في عمومها دراسات مُوجَزَةٌ أو ناقصةٌ أَوْ هي أقرب إلى موضوعات الإنشاء. كان ذلك بِسَبَبِ رغبةِ الدارسين في أن يُؤَرِّخوا للأدب الأندلسي كُلِّه في كتاب واحد. وَبِمُرور الوقت ظَهَرَت دراساتٌ مُتَخَصِّصَةٌ وأصبحت للأدب الأندلسي مَلامحُهُ الخَاصَّةُ وصِفاتُه التي تُمَيِّزُهُ عن أدب المَشْرِق وذلك بِفَضْلِ نُخْبَةٍ من الدارسينَ المصريين.

من كتاب الدكتور أحمد هيكل - "الأدب الأندلسي" القاهرة - ١٩٥٨ - ص٥ - ٦ (بتصرف)

Andalusian literature was often neglected by Arab scholars on the grounds that it was either a reflection or an imitation of the Eastern literature. This does not mean that it has been ignored. Indeed there are several studies of it, but they are generally either brief or incomplete or more like essays. This was because of the scholars' desire to write the history of all Andalusian literature in one volume. In the course of time some specialized studies appeared, and Andalusian literature was recognized as having its own peculiar characteristics which distinguish it from the Eastern literature, thanks to the efforts of a group of Egyptian scholars.

أمثلة:

١- ازدادت مساحة الأراضي الزراعية في مصر بسبب بناء السد العالي.

٢- نظراً لبناء السد العالي فقد ازدادت مساحة الأراضي الزراعية في مصر.

٣- ازدادت مساحة الأراضي الزراعية في مصر بفضل بناء السد العالي.

٤- نظراً لأن الرئيس مريض فقد أُجّل الاجتماع.

٥- أجل الرئيس الاجتماع نظراً لأنه مريض.

٦- أجل الرئيس الاجتماع نظرا لمرضه (بسبب مرضه).

٧- لقد نال الباحث درجة الدكتوراه بفضل مَنهجه العِلْميّ وأمانته في البحث.

٨- لم أحضر الحفل بسببه.

٩- نجحت في الامتحان بفضله.

تمرينات:

1. Fill in the spaces using first بسبب then نظراً لـ:

١- لقد أصبح سهلاً أن ينتقل الناس من مكان إلى مكان ______ تنوّع وسائل المواصلات.

٢- هاجر كثير من اللبنانين من لبنان ______ ظلم العثمانين لهم.

٣- لقد اعتذر الأستاذ عن إلقاء المحاضرة ______ مرضه.

٤- لقد أُلْغِيت الرحلةُ ______ سوءِ الأحوال الجَوِّية.

٥- ______ كثرة العمل في المصنع فقد عَيَّنَ المديرُ ثلاثة عُمّال جُدُد.

٦- سقطت الوزارة ______ عدم حصولها على ثِقَةِ مُمثِّلي الشعب.

٧- إنسان العصر الحديث يعيش مُشكلات نفسه ومشكلات غيره وذلك ______ تقريب المسافات بين الدول.

٨- لقد انتشرت الكتب والصحف ______ تَيَسُّر الطباعة.

٩- كان ترتيبه الأول في الامتحان وذلك ______ استذكاره الدّائب لدُروسه.

١٠- تَعَطَّلتْ سيارتُهم في الطريق ______ نَفَادِ الوَقودِ.

١١- ______ سُوءِ الإدارة فقد أفْلَسَت الشركة.

١٢- لم أنَمْ ليْلَةَ أمْسِ ______ النَّاموسِ في غُرْفَتي.

2. Rewrite these sentences with بسبب, بفضل, نظراً لأن, or نظراً لـ, making the necessary changes. Example:

أدَّى ظُلْمُ العُثْمانيِين إلى هِجرة كثير من اللبنانيين من لبنان.

← هاجر كثير من اللبنانيين من لبنان بسبب ظلم العثمانيين.

← نظراً لظلم العثمانيين فقد هاجر كثير من اللبنانيين من لبنان.

١- كان الأستاذ مريضا فاعتذر عن إلقاء المحاضرة.

٢- لم تحصل الوزارة على ثقة ممثلي الشعب فسقطت.

٣- تيسُّر الطباعة أدَّى إلى انتشار الكتب.

٤- السد العالي زاد مساحة الأراضي الزراعية في مصر.

٥- المواصلات الحديثة سهّلت انتقال الناس من مكان إلى مكان.

٦- أدَّى انقطاع التَّيار الكهربائي إلى تَعَطُّل المصانع.

٧- نَسِيَت المُمَرِّضةُ وقتَ إعطاء الدواء للمريض فمات.

٨- تعطّلت أجهزة الرادار في المطار فاصطدمت طائرتان.

٩- أرسلتُ له برقية عاجلة فحضر على الْفَوْر.

١٠- وقعت حادثة في الطريق فتعطَّلَ المرور.

١١- لم يتعاونوا في الملعب فَخسِروا المُباراة.

١٢- أهْمَلَ دروسه فَفَشِلَ في الامتحان.

3. Connect the following using بسبب, (ف... لـ) نظراً, or بفضل, making the necessary changes:

١- نجاحهم - دراستهم المستمرة

٢- الحصول على الوظيفة - مساعدة المدير

٣- راحة الأعصاب - سماع الموسيقى

٤- ركوب سيارة أجرة - تعطل السيارة الخاصة

٥- الخوف - رؤية فيلم "الرعب"

٦- المرض - الجهل

٧- السعادة - المكالمة التليفونية

٨- الاعتذار عن الاجتماع - الضيوف

٩- تغير الموقف السياسي - الخطاب الأخير

١٠- التقدم بطلب - وظيفة شاغرة

١١- تعطل المصعد - عدم مغادرة البيت

١٢- الاشتغال بالترجمة - معرفته بالإنجليزية والعربية

4. Fill in the blanks with appropriate words:

١- لقد وصل بسرعة بفضل ______.

٢- ______ بفضل جده واجتهاده.

٣- ______ بسبب إقامتهم في القاهرة.

٤- عَرَفَتْ عائلته جيدا نظراً لـ ______.

٥- شُفِيَ من مرضه بفضل ______.

٦- ـــــــــ بفضل التمرينات اليومية.

٧- ـــــــــ بفضل تَفَهُّمِهم للموقف.

٨- حصل على الجائزة بفضل ـــــــــ.

٩- لقد نَجَتْ من الغَرَقِ بفضل ـــــــــ.

١٠- ـــــــــ بفضل دراستها في الأزهر.

١١- ـــــــــ بفضل الله وحده.

١٢- حققت الشركة أرباحا طائلة بفضل ـــــــــ.

لِأَنَّ (لأنَّـــ)		because
*حَيثُ أَنَّ (إنَّ)	a nominal sentence + ←	because, since
*إِذْ أَنَّ (إنَّ)		because, since
بِمَا أَن ... فَـــ		because, since, in view of the fact that

(بِمَا أَنَّ comes at the beginning of the sentence only)

* MSA tends to use إِذ أَنَّ / حَـيث أَنَّ while in Classical Arabic the correct usage is حيث إِنَّ / إِذ إِنَّ.

أمثلة:

١- لايستطيع مقابلتها الآن لأنه مشغول.

(لايستطيع مقابلتها الآن حيث أنه مشغول)

(لايستطيع مقابلتها الآن إذ أنه مشغول)

٢- لن تسافر غدا لأنَّ ابنَها مريض.

٣- لم تسافر أمس حيث أن مرض ابنها قد منعها.

٤- بما أنني مشغولة جدا فلن أسافر غدا.

5. Use لأنّ with the appropriate pronoun suffix:

١- لن أذهب إلى الحفلة ______ مشغول.

٢- لن نحضر الاجتماع ______ مريضة.

٣- لن يستطيعوا قراءة خَطِّه ______ غير واضح.

٤- أُقَدِّرُ هذا الموظفَ ______ يساعدني دائما.

٥- أعرف أخبارهم ______ يراسلونني.

٦- سيتزوجن قريبا ______ جميلات.

٧- سوف تقنعهم ______ واثقة مما تقول.

٨- سنخرج الآن ______ لانريد أن نراهم.

٩- أذهب سَيْراً على الأقدام ______ لا أمتلك سيارة.

١٠- لن نتعاون معهم ______ لايُعْجِبُنا اقتراحُهم.

١١- خُذْ حِذْرَك منه ______ لِصّ مُحْتَرِف.

١٢- أنا لاأريد إزعاجه ______ كبيرُ السِّن.

6. Fill in the blanks in the following sentences:

١- ____________________ لأنه غير مفيد.

٢- سعدت بها كثيرا لأنها ____________________.

٣- ساعدتهم لأنهم ____________________.

٤- ____________________ لأنهن مجتهدات جداً.

٥- لم يستطع قيادة السيارة لأنه ____________________.

٦- ____________________ لأنها تقضي كل وقتها في المستشفى.

٧- لم يعجبني الفيلم لأني ____________________.

٨- رفضت العمل في هذه الشركة لأنها ____________________.

٩- ____________________ لأنه يحبها.

١٠- هاجمهم في مقالته لأنهم ________________

١١- ________________ لأننا لم نرَ الفيلم.

١٢- ________________ لأنها الآن حامل.

7. Translate into Arabic:

1. In view of his continuous bad health, the ministry granted him sick leave for a month.
2. They appointed him editor-in-chief of Al-Ahram newspaper because of his long experience in journalism.
3. Many people resort to family planning because of inflation and the complexities of daily life.
4. In view of the fact that he is unqualified for the job, they did not appoint him.
5. He was promoted to a higher position thanks to his honesty and efficiency.
6. She was appointed translator in the conference thanks to her mastery of the English language.
7. She sang at the school party because she has a beautiful voice.
8. The plane will not take off (تُقْلِع) now because of the bad weather.
9. These two students always quarrel since they belong to different political parties.
10. Because of the state of war, all schools and universities are closed.
11. The meeting was canceled due to the chairman's absence.
12. I know Cairo very well since I have lived in it for a long time.

8. Write five sentences including لأنّ, حيث أنّ, نظراً لـ, بسبب, نظراً لأنّ, إذ أنّ, or بما أنّ.

الدرس الثاني عشر

where (is/are found), among, in the midst of, since	حَيْثُ + indicative/perfect + nom. noun
because, as, since, due to the fact that	حَيْثُ أَنَّ (حيث إنَّ) = لأَنَّ
so that, so as, so ... that, in such a manner that, inasmuch as	بِحَيْثُ = لِدَرَجَةِ أَنَّ

مَنْ منّا لايَعرفُ جبران خليل جبران؟ هذا الفنّانُ الخالد والأديبُ المُبْدع. لقد نشأ في لبنانَ حَيْثُ الوْديانُ الرّائعةُ والجبالُ الضّخْمة وشَلالات المياه الساحرة، وحيث الطبيعةُ الحَيَّة.

تَلَقّى تعليمَه الأوّليَّ في لبنانَ ثُمَ سافرَ مع أسرته إلى أمريكا حَيْثُ تَفَتَّحت أمامه آفاقُ جديدةٌ في البحثِ والتفكيرِ وحَيْثُ بَدَأ حياةً حافلةً بالعَرَقِ والجهْدِ والكِفاح.

ماتتْ شَقيقتُهُ الصُّغْرى ثم أمُّه ثم أخوه الأكبر وظَلَّ هو وأختُه "مريانا" يصارعان من أجْلِ البقاء. وَحَيْثُ أنَّه كان صغيراً ولا عَمَلَ لَه فَقَد اضْطُرت أختُه "مريانا" إلى العملِ لَيْلَ نَهَارَ بِحَيْثُ كانت له العَائلَ الوحيدَ.

عادل الغضبان - جبران خليل جبران - كتاب الهلال عدد ٣٥، القاهرة ١٩٥٤. - صفحات ٩٣ - ١١٠. (بتصرف)

Who amongst us does not know Gibran Khalil Gibran, that immortal artist and creative writer? He grew up in Lebanon among magnificent valleys, huge mountains, and fascinating waterfalls and in the midst of vivid nature.

He received his primary education in Lebanon, then left with his family for America, where new horizons of study and thought were opened up to him and where he began a life full of sweat, toil, and struggle.

His youngest sister died, then his mother and his eldest brother, and he and his sister Marianna were left struggling for survival. Because he was young and jobless, his sister Marianna had to work day and night, so that she became the only bread-winner.

أمثلة:

١- سافرتُ إلى الإسكندرية حيث تَمَتَّعْتُ بالبحر لمدة شهر.

٢- لقد تَغَلَبَ عليهم جميعا حيث أنه كان أقوى اللاعبين.

٣- بعد وفاة والدها أصبحت فقيرة جداً بحيث كانت تَتَسَوَّلُ في الطُّرُقَات.

٤- دَرَسْتُ حيث دَرَسَ أخي.

٥- سافرنا إلى بيروت حيث يعيش صديقنا محمد.

٦- عاش حياته في بغداد حيث وُلِدَ.

Notes:

1. حيث إنّ is a causative particle, where the clause following it is the cause for the clause preceding it.
2. With بحيثُ, the clause after it is the result of what preceded it.

تمرينات:

1. Fill in the blanks using حيث or بحيث, then translate the whole sentence:

١- ترك طه حسين قريته إلى القاهرة ________ التحق بالأزهر الشريف.

٢- لقد أهملته والدته ________ أصبح غيرَ راضٍ عن نفسه.

٣- اِشْتَغَلت بالمحاماة ________ كانت هذه مِهْنَتَها المُفَضَّلة.

٤- انتقل البوليس على الفور إلى مكان الحادث ________ تم العثور على المسروقات.

٥- لقد فهموا القضية جيدا ________ كانوا مُؤَهَّلِين لذلك.

٦- يعود الرئيس إلى القاهرة غدا ________ يعقد أول اجتماع صحفي.

٧- لقد تعود على السهر كُلَّ لَيْلَةٍ ________ ساءت صِحَّتُه.

٨- شَرَحْتُ له كلَّ شيء بالتفصيل ________ أنه مديري المباشر.

٩- انفجرت ماسورة المياه ________ عَطَّلت المرورَ لوقت طويل.

١٠- لقد شَرَحْتُ له المسألة ________ أصبح يَفْهَمُها جيداً.

١١- سافرتُ إلى لبنان ________ تَمَتَّعْتُ بجمال الطبيعة هناك.

١٢- لم يَعُدْ لها غيرُ جارِها العجوز ________ كانت تَعْتَبِرُهُ والداً لها.

2. Form sentences from the following phrases using بحيث, حيث, or حيث إن as appropriate and making any necessary changes.
Example:

قيادة السيارة بسرعة - الوصول قبل الموعد

← قاد سيارته بسرعة بحيث وصل قبل الموعد.

١- الفقر - التَسَوُّل في الطرقات

٢- الوصول إلى الفندق - حفل استقبال

٣- احترام العلماء والباحثين - تقديم تجاربهم وأفكارهم

٤- لا وقت للقراءة - المرض بالمستشفى

٥- مؤرخ مشهور - تسجيل الأحداث بدقة

٦- إهمال الدروس - الرسوب في الامتحانات

٧- الفوز في المباريات - التدريب المتواصل

٨- السكن مع مصري - تكلم العربية بطلاقة

٩- السهر كل ليلة - النوم في فصول الدراسة

١٠- ضيق الوقت - إلغاء الحفلة

١١- أمانة السائق - رد النقود

١٢- المرض - الاعتذار عن السفر

3. Translate using بحيث, حيث, or حيث أنّ when appropriate:

1. I went to the university, where I met my friend.
2. He left Egypt for England, where he studied English literature.
3. She moved to where she could find a better job.
4. They were so poor that they could not continue their studies. (use بحيث)
5. He practised so hard that he became the best player on the team. (use بحيث)
6. The students respect him because he is an excellent teacher.
7. My friend left Cairo since he does not like to live in big cities.
8. He studied at the Sorbonne, where he received his Ph.D. in law.
9. Fatma did not go to the party because Ahmad did not invite her. (use حيث أن)
10. The grades were so bad that the teacher had to reexamine the students. (use بحيث)
11. We will go to Italy, where we w'll spend our summer holiday. (use حيث)
12. He came to Egypt since he is interested in Egyptian historical monuments.

4. Form six sentences using بحيث, حيث, or حيث أنّ .

الدرس الثالث عشر

in order to, so that	لِـ / كَيْ / حَتَّى / مِنْ أَجْلِ أنْ
(followed by <u>subjunctive</u>; can be used interchangeably)	
	كَيْمَا + indicative ←
	لِـ / مِنْ أَجْلِ + genitive verbal noun ←
in order not to, lest	كَيْ لا (كَيْلا) / لِكَيْلا / لِئَلاَّ
	+ subjunctive ←

عَـقَـدَ الـرَّئـيـسُ اجْـتـمـاعـا مَـع الـوزراء لِـيَـشْـرَحَ لَـهـم سـيـاسـة الحُـكومـة وبـعـدَ الاجـتـمـاع قـابـل الـرئـيـس وزيـرَ الاقـتـصـاد لِكَي يُـنَاقِـشَ مـعـه الخـطـة الـتي وضـعـهـا الـوزيـر مَـنْ أَجْـلِ أَنْ تَـشَـجِّـعَ الحكومـةُ شَـرِكـات الـتـجـارةِ الأجـنـبـيـةَ عـلـى الـعـمـل فـي مـصـرَ. وبـعـد ذلك اجـتـمـع بِمَنْدُوبي هـذه الـشـركـات حَتَّى يُجـيـبَ عـلـى أسـئـلـتـهم وقـد قَدَّمَ لـهـم كـثـيـرا مـن الـتـسـهـيـلات كَيلا يَتَـرَدَّدوا فـي اسْـتـثـمارِ أمـوالـهـم فـي مصـرَ.

تمت صياغة هذا النص، لتتمثل فيه أدوات الربط المراد التدريب عليها.

The president held a meeting with the ministers to explain to them the government's policy. After the meeting, he met the minister of economy in order to discuss with him the plan put forward by the minister for the government to encourage foreign commercial companies to operate in Egypt. After that, he met with the delegates of these companies in order to answer their questions. He offered them many facilities so that they would not hesitate to invest their money in Egypt.

أمثلة:

١- حضر إلى مصر ليدرسَ العربية.
(كي يَدْرُسَ / حتى يَدْرُسَ / من أجل أن يَدْرُسَ)

٢- حضر إلى مصر كيما يَدْرُسُ العربية.

٣- حضر إلى مصر لدراسةِ العربية.
(من أجل دراسةِ العربية)

٤- حضر إلى مصر لكيلا يَنْسى اللغة العربية.

تمرينات:

1. Complete the following sentences using كي, لكي, لـ, حتى, or من أجل أن:

١- سأطلب مقابلة الوزير ____________.

٢- اجتمع المدير مع الموظفين ________ يشرح لهم الموضوع بصراحة.

٣- قابلا رئيس تحرير الجريدة ____________.

٤- دَرَسوا اللغة العربية ____________.

٥- سافرت إلى لندن ______ تدرس الإنجليزية هناك.

٦- بعثت بخطاب إلى صديقتها ____________.

٧- اتصل الوزير برئيس تحرير المجلة ________ يَنْفي الخبر المنشور في الصفحة الأولى.

٨- أَرْسَلَ اللّهُ الأنبياءَ ____________.

٩- ذهب أخي إلى الطبيب ____________.

١٠- أَكَدّوا لي خُطورةَ الموقف ____________.

١١- بَعَث لها بِبَرْقِيَّةٍ عاجلة ______________________.

١٢- ذهبتُ إلى مكتبة الجامعة ______________________.

2. Form sentences from the following phrases using كَيْ or any of its equivalents in each sentence. Example:

تسليح الجيش - الدفاع عن الوطن

← أمر الرئيس بتسليح الجيش كي يستطيع الدفاع عن الوطن

١- الاتصال بالصديقة - الاعتذار عن موعد الغد

٢- ضرورة مقابلة الرئيس - تسليم الرسالة

٣- رفض مقابلة المدير - التعبير عن الاحتجاج على سياسته

٤- السفر بالطائرة - الوصول بسرعة

٥- مشاهدة المسرحية - كتابة تحليل ونقد لها

٦- القيام بحملة انتخابية - إعادة انتخاب الرئيس

٧- إلقاء خطاب قصير - عقد مؤتمر صحفي

٨- الإقامة في مصر - التدريب على اللغة العربية

٩- استقالته من الحكومة - الاشتغال بمشروع تجاري

١٠- غرس أشجار - جمال المنظر

١١- كثرة الرحلات - اكتساب الخبرات

١٢- سماع الشعر - نَظْم الشعر

3. Form five sentences, each containing one of the above particles.

4. Complete the following sentences using لكيلا, كيلا, or لئلا.

١- أغمض عينيه ______________________.

٢- اعتذرت عن حضور الاجتماع ______________________.

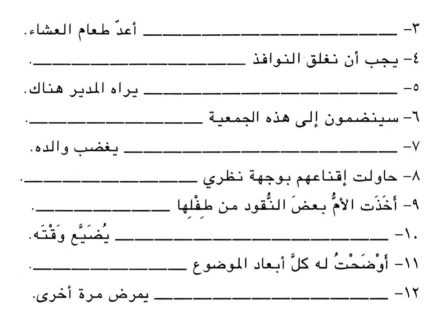

٣- ______________________ أعدّ طعام العشاء.

٤- يجب أن نغلق النوافذ ________________.

٥- ________________________ يراه المدير هناك.

٦- سينضمون إلى هذه الجمعية ______________.

٧- ________________________ يغضب والده.

٨- حاولت إقناعهم بوجهة نظري _______________.

٩- أخَذَت الأمُّ بعضَ النُّقود من طِفْلِها _______________.

١٠- ______________________ يُضَيِّع وَقْتَه.

١١- أوْضَحْتُ له كلَّ أبعاد الموضوع ______________.

١٢- ____________________ يمرض مرة أخرى.

5. Translate the following sentences into Arabic:

1. Sami went to the United States to study medicine.
2. They went to England in July in order to meet their son there.
3. We started the conference immediately in order not to lose time.
4. The athletes train every day so that they can participate in the Olympic Games.
5. We walked quietly in the library in order not to disturb the readers there.
6. I sent her a letter so that she would meet me in the airport.
7. He should work very hard in order to be promoted in his job.
8. He went early to the railway station in order not to miss the train.
9. The chairman of the committee called for a meeting to discuss the new project.

10. She took her children to Los Angeles to visit Disneyland.

11. We have to return the library books on time so that others can borrow them.

12. They will not take their children to the party in order not to disturb the other guests.

6. Form five sentences using لكيلا, كيلا, or لئلا.

الدرس الرابع عشر

thus, therefore, for this reason,	وَعَلَى هَذا (وَعَلَى ذَلِكَ)
as a result, consequently	وَنَتِيجَةً لِهَذا (وَنَتِيجَةً لِذَلِكَ)
so, in this way	وَلِهَذا (وَبِذَلِكَ) (وَبِهَذِهِ الطَّرِيقَة)
hence	وَمِنْ هُنَا (وَمِنْ ثَمَّ)
as a result of	نَتِيجَةً لِـ / نَتِيجَةَ ← + gen. v.n.

After any of these connectors, the use of فـ is optional.

ظَهَرَ في الدولة الإسلامية في القَرْن الثالث الهِجريِّ بجانب الفرسِ والعربِ عُنْصُرُ الأتراك وكان له أَثَرٌ كبير في الحياة السياسية والاجتماعية في ذلك العصر. ولم يَكُنْ للأتراك مَدَنيَّةٌ وحضارة قديمة بل كانوا أشْبَهَ بالبدو ولِهَذا (وَلِذَلِكَ) أطْلَقَ عَلَيْهِمُ "الجاحظ" أعْرابَ العجَم. وكان الأتراكُ يُحَبّون الجُنْدِيَّةَ والفُروسيَّةَ ومِنْ ثَمَّ فَقَدْ أحْضروا أعدادا كبيرة من جُنود بلادهم وذلك لِتقوية حُكْمِهم.

كان الأتراك يشَجِّعون مَذْهَبَ أهْلِ السنة وَنَتيجَةً لِذَلِكَ لم يكونوا يُحِبُّونَ الفلسفةَ والجَدَلَ في أمورِ الدِّين.

د. محمد جمال الدين سرور: - تاريخ الحضارة الإسلامية في الشرق من عهد نفوذ الأتراك إلى منتصف القرن الخامس الهجري ط٣، القاهرة ١٩٧٣ - ص ١٦٩ (بتصرف)

During the third century A.H., the Turks came into the Islamic world as well as the Arabs and Persians. They had great influence in the political and social life of that age. The Turks had no ancient culture or civilization, rather, they resembled the Bedouins, and it was for this reason that al-Jahiz called them the Non-Arab Bedouins. The Turks loved military service and horsemanship; hence they brought their soldiers in great numbers to strengthen their rule.

The Turks encouraged the Sunni rite; consequently they did not like philosophy or controversy in religious matters.

أمثلة:

١- لقد فشل في تجارته وخسر كل شيء ولهذا فقد قرر أن يهاجر من بلده.

٢- يحتل المسرح مكانا هاما في الدول المتقدمة وعلى هذا فقد بدأ المجتمع العربي يهتم به أيضا.

٣- حاول أن يضم في بحثه كل ماكتب عن الموضوع ومن هنا فقد قرأ المصادر المطبوعة والمخطوطة بدقة.

٤- نجح الطالب في الامتحان نتيجةَ اجتهاده (نتيجةً لاجتهاده).

تمرينات:

1. Complete the sentences using one of the connectors of this lesson, then translate into English:

١- لم يكن لديه وقت لمراجعة الكتاب _____ فقد ظهر الكتاب وَبِهِ كَثيرٌ من الأخطاء المَطْبَعيَّة.

٢- أَحْمَدُ اللَّه أن أنْتَهَيْتُ مِن بحثي قبل المؤتمر _____ فسوف أشترك في المؤتمر.

٣- لقد كان ضروريا أن أبتعد عن العمل لبعض الوقت _____ سافرت إلى بيروت.

٤- كان اختراع التلفزيون ضربة للسينما _____ فقد قلّ رواد السنيما إلى حد كبير.

٥- سِنُ الخامسة عَشْرةَ سن حَرِجة _____ فهي تتطلب من الوَالدين رعاية أولادهم عن قُرْبٍ في هذه السن.

٦- كان لديها إجازة شهر _____ سافرت إلى الإسكندرية.

٧- يبدو أن المتظاهرين كانوا يريدون استعمال القوة _____ فقد حاصرهم البوليس.

٨- لقد اتضح أنه لص خطير _____ قبض عليه البوليس.

٩- كان يحب قراءة الكتب _____ فقد أسَّسَ لنفسه مكتبةً كبيرةً.

١٠- تعطلت سيارتهم في الطريق _____ فقد اضطروا لأخذ تاكسي.

١١- عرف أنها لاتحبه _____ فقد تزوج إحدى قريباته.

١٢- كانت أمُهُ العجوز مريضةً _____ فقد رفض السفر.

2. Fill in the blanks appropriately:

١- _____ ومن ثم فقد ساءت صحتهم كثيرا.

٢- كان مغرما بلعب القمار ولهذا فقد _____.

٣- _____ ونتيجة لهذا فقد أصيب بسرطان الرئة.

٤- _____ ولهذا شرحت لهم الدرس مرة أخرى.

٥- لم يكن لديهم وقت ولهذا فقد _____ _____.

٦- لم تهتم سميرة بنباتات الحديقة ولهذا فقد _____ _____.

٧- _____ ومن ثم فقد قرر البقاء في نفس الفندق.

٨- لقد شعر بتحسن بعد العملية الجراحية ومن هنا فقد _____.

٩- _____ ولهذا فقد تأجل الاجتماع إلى الأسبوع التالي.

١٠- لقد نسي حافظة نقوده في البيت ولهذا ـــــــــــــ ـــــــــــــ
ـــــــــــــ.

١١- لم يتمرن بَعْدُ على قيادة السيارات ولهذا فقد ـــــــــ ـــــــــ
ـــــــــــــ.

١٢- ـــــ ـــــــــــــ ومن ثم فقد اشترت حصاناً.

3. Form sentences from the following phrases, using any of the
joining words or phrases in this lesson and making the necessary
changes. Example:

عدم المذاكرة – الفشل في الامتحان

←   لم يذاكر ونتيجة لذلك فشل في الامتحان.

١- عدم الاهتمام بالصحة – المرض المُزْمِن

٢- عدم القراءة – الجهل

٣- قلة المال – العمل ليلَ نهار

٤- إساءة استعمال وقت الفراغ – جريمة

٥- التدريب المتواصل – الفوز في المباريات

٦- كثرة شكاوي الزوجة – الطلاق

٧- تعلم اللغات – وظيفة عليا

٨- عدم المحافظة على المواعيد – عدم الاحترام

٩- بدانة الجسم – التمرينات الرياضية

١٠- المذاكرة والاجتهاد – النجاح والتفوق

١١- كثرة المرضى – بناء مستشفى

١٢- عدم العثور على شقة – الإقامة في فندق

4. Translate the following sentences into Arabic:

1. Miriam was very ill, so we all went to visit her.

2. George is a very popular student. Consequently, he won the elections.

3. We must all give donations to the government. In this way we could build a school in our village.

4. As a result of his efficiency, he was promoted to a higher position.

5. He did not study hard for the final exam. For this reason he did not pass.

6. They did not obtain high grades in their school; hence they cannot join the Faculty of Medicine.

7. Anne is a hard-working student, so she was granted a scholarship this year.

8. The dean will retire at the end of this year. Therefore we will hold a big farewell party for him.

9. The country is in a state of war. Consequently, all schools and universities are closed

10. As a result of their courage, the soldiers were granted medals.

11. Egypt suffers from overpopulation. Thus many conferences are held to discuss this problem.

12. The president was very busy, so he did not hold the press conference.

5. Write a paragraph on any topic you choose, using as many of this lesson's connectors as you can.

الدرس الخامس عشر

مراجعة على الدروس من الحادي عشر حتى الرابع عشر

1. Fill in the blanks with the appropriate connectors:

١- لم أذهب إلى الحفلة أمس ________ المطر.

٢- ذهبت إلى المكتبة ________ قضيت ساعتين في القراءة.

٣- لقد ساءت صحتها ________ فقد قررت دخول المستشفى.

٤- تعطل المرور ________ انقلاب سيارة في الطريق الرئيسي.

٥- كانت تعمل معه ______ أصبحت تعرف عنه كل شيء.

٦- كان يحب الرحلات ________ فقد أنفق كل نقوده عليها.

٧- لقد تفوقت في دراستها وذلك ________ تشجيعهم لها.

٨- لا أود مقابلته ________ لا أحبه.

٩- حضروا إلى مصر ________ يدرسوا اللغة المصرية.

١٠- قدمت له نصيحتي ________ يضيّع وقته.

١١- لم أَنَمْ جيدا ليلة أمس ________ الضوضاء في الشارع.

١٢- كانت تُحِبُّ صديقتها ________ فقد قَرَّرت الإقامة معها.

2. Complete the following sentences:

١- نظرا لوجودها في القاهرة فقد ________________.

٢- ________________ ومن ثم فلن أسافر معهم.

٣- _____ حيث أقمت معهم شهراً.

٤- لا يمكنني الحصول على نسخة منه لأنه _____.

٥- _____ وذلك بفضل حسن الإدارة.

٦- _____ ونتيجة لذلك فقد خسر كل نقوده.

٧- _____ كيلا ينساها مرة أخرى.

٨- ازدادت مساحة الأراضي الزراعية في مصر بسبب _____.

٩- سافرت إلى الإسكندرية حيث _____.

١٠- نظرا لتعطيل المِصْعَد فقد _____.

١١- كانت زوجته مريضة ولهذا فقد _____.

١٢- تعطل المرور ساعتين بسبب _____.

3. Rearrange the following words to form complete sentences:

١- أنها - ولهذا - لا تحبه - فقد - عرف - عنها - ابتعد.

٢- الكتب - بسبب - الطباعة - انتشرت - تيسُّر.

٣- أذهب - لأني - السينما - مشغول - لن - إلى.

٤- جبران - لبنان - في - الوديان - نشأ - حيث - الرائعة.

٥- مرضه - فقد - المحاضرة - نظرا لـ - عن - اعتذر.

٦- لقد - اللاعبين - لأنه - أقوى - كان - هزمهم.

٧- مقابلة - أشرح - المدير - سأطلب - كي - الموضوع - له.

٨- ونتيجة - في - يذاكر - لذلك - لم - جيدا - فشل - الامتحان.

٩- خبرته - رئيس تحرير - عيّنوه - فقد - نظرا لـ - الصحفية - الجريدة.

١٠- في - فشل - ومن ثم - قرر - تجارته - فقد - يهاجر - أن.

١١- بفضل - إنتاج - الإدارة - حسن - زاد - الشركة.

١٢- اشتغلت - حيث - مهنتي - كانت - بالتدريس - المفضلة.

4. Use each of the following connectors in a complete sentence to show its meaning:

١- ولهذا	٧- بسبب
٢- بفضل	٨- نتيجة
٣- حيث	٩- من أجل أن
٤- نظرا لـ	١٠- بحيث
٥- ومن ثم	١١- كي
٦- كيلا	١٢- وبهذه الطريقة

5. Answer the following questions. Be sure that each answer includes at least two of the connectors studied.

١- فيم ترغب أن تتخصص في دراستك ولماذا؟

٢- من هو أحب كاتب عربي إليك؟ وما السبب في ذلك؟

٣- لماذا عُينَ محمد في هذه الوظيفة الهامة؟

٤- لماذا وافقت اللجنة على مشروعه دون تردد؟

٥- هل قبلت الجامعة الطلب المقدم من هذا الأستاذ؟ ولماذا؟

٦- ماذا كانت نتيجة ذهابه إلى المطار متأخرا؟

٧- لماذا رُقِّي أحمد بعد سنة من تعيينه في الشركة بينما لم يُرقَّ علي وقد مضى عليه خمس سنوات في نفس الشركة؟

٨- لماذا هي غير سعيدة في حياتها في هذه المدينة؟

٩- ما أهم ماتشتهر به مدينتك؟

١٠. لماذا اختار صديقك أن يعمل في الترجمة؟

١١- هل تفضّل دراسة اللغة الإنجليزية أم اليابانية ولماذا؟

١٢- هل تفضل الدراسة في جامعة في بلدك أم في بلد أجنبي ولماذا؟

6. Translate the following sentences into Arabic:

1. He was appointed a translator in the United Nations Organization because of his knowledge of many languages.

2. They built a school which carried his name in the village where he was born.

3. The president was invited to the conference in order to chair its first session.

4. As a result of his dishonesty, he was fired from his job.

5. Due to his long stay in Cairo, he knows all its historical sites.

6. Her mother did not want her to go to that picnic, so she did not go in order not to make her mother angry.

7. She missed the plane and did not arrive in time to attend the conference. Hence she did not deliver her paper.

8. In view of the fact that the manager of the company was his friend, he approved his project.

9. She was very unhappy here, so she decided to go where no one knew her.

10. She asked to meet the bank manager in order to inquire about certain points in the bank's procedures.

11. The university accepted his application immediately since he is an outstanding professor of linguistics.

12. Samir worked very hard. Consequently he was promoted to director of his department.

الدرس السادس عشر

to + verb	أنْ + ←subjunctive
(equivalent to the infinitive in English; less common with <u>that</u> and subjunctive in English)	
not to + verb	ألاَّ (أنْ + لاَ) + ←subjunctive
with certain idiomatic structures	أنْ + ←perfect
(perfect← + ما أن، بعد أن، مالبث أن*)	
that	أنَّ + ←noun clause
(may be followed by any word except a verb)	
1. <u>that</u> after the verb قال or any of its derivatives	إنَّ +←noun clause
2. "indeed" at the beginning of a sentence to give emphasis, but usually not translated into English.	

NB. If إنَّ or أنَّ are followed by a noun, this noun is in the accusative case and serves as the subject of the noun clause.

* The classical usage is ما إنْ, while in MSA the tendency is to use ما أنْ

يَجِبُ أَنْ نَعْلَمَ أَنَّ الامتحاناتِ ليست للتلاميذ فقط ... فبعد أَنْ نَحْصُلَ على أكبر الشهادات العِلميّة نكتشفُ أَنَّ امتحاناتِ الحياةِ أشدُ وأقسى من امتحانات المدارس.

إنّي أتصورُ المِحنةَ التي فيها التلميذ الساقط. وأنا تلميذ ساقط رأيت نفسَ الوجوه العابسةِ وحُرِمْتُ أسابيعَ من أَنْ أَخْرُجَ من بيتي أو أَنْ أَذْهبَ إلى السينما أو المسرح.

أنا أيضا في لحظةِ ضَعْف فكّرت في أَنْ أَنْتَحِرَ ولم يلبث هذا الضَّعْفُ أن اختفى بَعْدَ دقيقةٍ واحدة. وقد ظَنَّ البعض أنني فكرت في الانتحار لأَنَّني سقطت في مادة الرسم.

أقولُ لكم إننا يجب (أن لا) أَلاَّ نيأسَ لأننا فشلنا مرة بل علينا أَنْ نَعْتَبِرَ الرسوبَ في الامتحان ضربةً في ظهورنا تدفعُنا إلى الأمام بَدَلَ أَنْ تجعلَنا نسقطُ على الأرض ولانقوم أبدا.

من مقال للأستاذ الصحفي مصطفى أمين - عمود "فكرة" جريدة الأخبار القاهرية - ص١٢، العدد الصادر في ١٩٨٠/٨/٤ - (بتصرف)

We must realize that examinations are not for pupils only, for after obtaining the highest academic degree, we discover that examinations in life are more difficult and severe than the school examinations.

I can imagine the distress which the failing pupil suffers. When I failed, I saw the same sulky faces and I was forbidden for weeks from going out of the house or from going to the cinema or theater.

I, too, in a moment of weakness, thought of committing suicide, but this weakness disappeared after a minute. Some people presumed that I had thought of suicide because I failed in drawing.

I tell you that we must not feel desperate because we have failed once; but we must consider failure in the exam as a push in our back which propels us forward instead of making us fall on the ground never to get up.

أمثلة:

١- أريد أنْ أُسَافِرَ إلى فرنسا بعد أنْ أنْتَهِيَ من الدراسة.

٢- يخاف أنْ يَرْسُبَ في الامتحان.

٣- ذكروا أنَّ الامتحانَ كان صعبا.

٤- قالوا إنَّ الامتحانَ صعبٌ.

٥- إنَّ الامتحانَ صعبٌ.

٦- يخاف (أن لا) ألاّ ينجحَ في الامتحان.

٧- من الجدير بالذكر أنَّها نجحت في الامتحان بامتياز.

٨- من الواجب أنْ نَدْرسَ جيدا قبل أنْ نأخذ الامتحان.

٩- سمعنا أنه سوف تُعْلَنُ نتيجة الامتحان غدا.

١٠- إنَّ في الصفِّ طالباً.

Notes:

1. The أنْ clause usually refers to a possible event which one desires to accomplish but may or may not take place.

   It is mostly equivalent to the infinitive in English, and like it has no reference to time. It is the verb which precedes أنْ that tells us about the tense of the whole sentence:

   أُحِبُّ أنْ أقرَأَ لطه حسين.

   I like to read from the works of Taha Hussain.

   خافت أنْ تُسافِرَ بالطائرة.

   She was afraid to travel by plane.

أرجو أن تكون في صحة جيدة.

I hope that you are well.

But if أَنْ is followed by a perfect, then it states a fact:

سافر بعد أن قابلته. حضر مرة أخرى وما لبث أن غادر المكان.

He traveled after I had met him. He came again, but it was not long before he left the place.

2. أَنْ generally follows verbs of desire, love, hate, fear, hope, capability, command, necessity, or obligation—expressions which do not require a statement of fact:

أَرَادَ - رَغِبَ في - أَحَبَّ - خَافَ - خَشِيَ - أَمَلَ - اِسْتَطَاعَ - كَرِهَ - تَمَكَّنَ مِنْ - قَدَرَ عَلَى - رَجَا - تَمَنَّى - أَمَرَ بِـ - يَجِبُ - يَجْدُرُ - اُضْطُرَّ - اِنْتَظَرَ - تَوَقَّعَ.

3. أَنَّ (or إِنَّ) generally states a fact which took place or is taking place or is expected to take place.

ذكرت أنَّ أخاها قد نجح في الامتحان.

عرفوا أنَّ الرئيسَ مسافرٌ اليوم.

عرفنا أنَّنا سنسافر غدا.

4. أَنَّ generally follows verbs of knowing, stating, believing, thinking, telling, and considering.

أَخْبَرَ - عَلِمَ - عَرَفَ - ذَكَرَ - ظَنَّ - اِعْتَقَدَ - أَدْرَكَ - اِعْتَبَرَ - فَهِمَ - صَرَّحَ بِـ - لاَحَظَ.

5. Note the difference in the following sentences:

قرّر أنْ يسافر غدا.

He decided to travel tomorrow.

قرّر أنَّ أخته سعيدةٌ في بيروت.

He stated that his sister is happy in Beirut.

أُقْسِمُ أَنْ أعبد الله.

I swear (take an oath) to worship God.

أُقْسِمُ أَنَّه مجنون.

I swear that he is crazy.

Thus some verbs may be followed by either أنْ or أنّ, but the meaning of the verbs differs.

6. If a verbal sentence is to be used after أنّ, one of two devices may be used:

a) Invert the word order of the subject and verb:

نجح الطلاب في الامتحان.

← سمعت أنّ الطلاب نجحوا في الامتحان.

b) Attach to أنّ the "dummy pronoun" (ضمير الشأن), which is always the third person singular pronoun suffix ـه...:

لن يُسْمَحَ للطلاب بالخروج من المحاضرة.

← أخبروني بأنه لن يُسْمَحَ للطلاب بالخروج من المحاضرة.

ليس من المنتظر أن يسافرن غدا.

← علمت أنه ليس من المنتظر أن يسافرن غدا.

7. The أنْ clause can always be transformed into a verbal noun:

يريد الصحفيون أنْ يقابلوا الرئيس.

← يريد الصحفيون مقابلة الرئيس.

while the أنّ clause may sometimes be transformed into a verbal noun but not always:

سمعنا بأنّه عاد من السفر أمس.

← سمعنا بعودته من السفر أمس.

نعرف أن القاهرة عاصمة مصر.

← ؟؟

قال إنه سوف يسافر غدا.

← ؟؟

تدريبات:

1. Fill in the blanks with أنَّ, إنَّ, or أنْ when appropriate:

١- يجب عليهم ــــــــ ينتهوا من المشروع بعد شهر.

٢- أخبرتني ــــــــ صديقتها ستزورها غدا.

٣- قالوا ــــــــ الدرس كان صعبا.

٤- ــــــــ الحديقة جميلة.

٥- من المتوقع ــــــــ نسافر في الأسبوع القادم.

٦- هل قالت لك ــــــــ المحاضرة قد أُلْغِيَت.

٧- من الجدير بالذكر ــــــــ القاهرة من أكثر المدن ازدحاما بالسكان.

٨- قابل الرئيس الصحفيين بعد ــــــــ ألقى خطابه.

٩- أعتقد ــــــــ المسألة في غاية الخطورة.

١٠- من المناسب أكثر ــــــــ نتصل بهم قبل الزيارة.

١١- لقد قالوا ــــــــ غرباء عن هذه البلدة.

١٢- زعم ــــــــ يتكلم ثلاث لغات أجنبية.

2. Complete the following sentences:

١- قال الطلاب إنّ ــــــــــــــــــــــــــــــــ.

٢- ــــــــــــــــــــــــ أن يعيد طبع كتابه.

٣- من الممكن أن _____.

٤- _____ أنّ اللغة العربية من اللغات السامية.

٥- صرّح المتحدث الرسمي بأنّ _____.

٦- _____ أنّ الخرطوم تقع على نهر النيل.

٧- من المنتظر أن _____.

٨- _____ إنهم سعداء بهذه النتيجة.

٩- عرفت منها أنهم _____.

١٠- _____ أن نفشل في الامتحان.

١١- لقد استطاعوا أن _____.

١٢- _____ أن لا (ألاّ) يحضروا الاجتماع.

3. Change the أنْ clause into a verbal noun, making the necessary changes. Examples:

أريد <u>أن أستمع</u> إلى الراديو.

→ أريد <u>الاستماع</u> إلى الراديو.

يجب <u>ألا تقود</u> سيارتك بهذه السرعة.

→ يجب <u>عدم قيادة</u> سيارتك بهذه السرعة.

١- فكرنا في <u>أن نؤسس</u> جمعية أدبية.

٢- قرر <u>أن يتخصص</u> في الأدب الحديث.

٣- من الواجب <u>أن نساعد</u> الفقراء.

٤- يحبون <u>أن يشاهدوا</u> المسرحيات الهزلية.

٥- ليس من الممكن <u>أنْ يُلْقِيَ</u> هذه المحاضرة غدا.

٦- صمموا على <u>ألا ينتخبوه</u> رئيسا للنادي.

٧- لم تتوقع <u>أن تنجح</u> في الامتحان.

١٢١

٨- يجب <u>ألا تهاجروا</u> من وطنكم.

٩- كان يخاف من <u>ألا يَقْبَلَ</u> الناشر كتابه الجديد.

١٠- يجب <u>ألا نَيْأَسَ</u> بعد المحاولة الأولى.

١١- لن أسافر بعد <u>أن أحصل</u> على شهادتي.

١٢- لقد فَكَّرَتْ أكثر من مرة في <u>ألا تلتحق</u> بهذه الجامعة.

4. Complete the following using أنّ or إنّ as appropriate, making any necessary changes. Examples:

سمعنا ــــــــــ سافر الأستاذ أمس

← سمعنا <u>أن</u> الأستاذ قد سافر أمس.

قالوا ــــــــــ هم مشغولون جدا هذا المساء

← قالوا <u>إنهم</u> مشغولون جدا هذا المساء.

١- عرفت ــــــــــ أختها نجحت في الامتحان.

٢- أعتقد ــــــــــ سيفوز بالجائزة الأولى.

٣- اعترفا ــــــــــ سرقا البنك.

٤- ذكر في رسالته ــــــــــ حصل على منحة.

٥- قالت ــــــــــ هن صديقات عزيزات عليها.

٦- ذكر المدير ــــــــــ تنظر اللجنة في طلبي.

٧- أقسم ــــــــــ هو الذي بعث لوالدها هذه الرسالة.

٨- أخبرونا ــــــــــ رئيس الجامعة سيعقد اجتماعا هاما غدا.

٩- علمنا ــــــــــ قبل طلبنا للعمل في الشركة.

١٠- قالوا ــــــــــ سيسافرون غدا.

١١- زعموا ــــــــ هي التي سرقت النقود.

١٢- عرفنا ــــــــ هم يقومون بالواجب على خير وجه.

5. Rewrite the following sentences, replacing the verbal noun by an
أنْ or أنّ clause. Examples:

يجب الاهتمام بدروسك.

يجب أن تهتم بدروسك.   ←

سمعنا بعودته من الخارج.

سمعنا بأنه عاد من الخارج.   ←

سمعنا أنه عاد من الخارج.   ←

١- تحب الاستماع إلى الموسيقى الشرقية.

٢- عرفنا حبها أهل مدينتها لأنهم ساعدوها كثيرا.

٣- قررنا دراسة اللغة العربية الفصحى واللغة العامية.

٤- خافت من فشلها في الانتخابات القادمة.

٥- أتمنى القيام برحلة حول العالم.

٦- أخبرونا بحصولهم على الجائزة الأولى في المسابقات
الأدبية.

٧- عادا من أمريكا بعد زيارتهما أهم جامعاتها.

٨- ألغى الرئيس المؤتمر الصحفي قبل سفره بساعة واحدة.

٩- أرادوا مقابلة رئيس الجامعة.

١٠- كتبت لهم بنجاحي.

١١- خافوا من الرسوب في الامتحان.

١٢- سمعت بعودتهم إلى أرض الوطن.

6. Translate the following sentences into Arabic:

1. The minister of industry announced that light industry will flourish in Egypt in the near future.

2. The two governments agreed that beginning next year there will be diplomatic representation between the two countries.

3. He hopes to succeed in the match and win first prize.

4. The minister of foreign affairs said yesterday that he would hold a press conference next week.

5. The foreign expert is afraid that the country's economic problems might not be resolved in the near future.

6. She told me that she had written a long article criticizing his new novel.

7. They decided to oppose (reject) the new project because it is neither realistic nor practical.

8. They (dual masc.) decided that they will direct many questions to the chairman of the committee at its next meeting.

9. He is afraid that he will not be able to meet the president.

10. I told him not to leave his books in the garden in order not to lose them.

11. We are sure that we will all pass this examination.

12. The director said that it was impossible to approve that project.

7. Form three sentences containing أنْ, three containing أنَّ, and three containing إنَّ.

8. Write a paragraph on any topic you choose, using as often as you can أنَّ, أنْ, and إنَّ where appropriate.

الدرس السابع عشر

one of the	مـن الـــ ...
it is ... that	مـن الـــ ... أنّ
it is ... to (or that)	مـن الـــ ... أَنْ
it was ... to (or that)	كان مـن الـــ ... أَنْ (أَنَّ)
it is not ... to (or that)	ليس مـن الـــ ... أَنْ (أَنَّ)

مِنَ الثَّابِتِ أَنَّ تَلَوُّثَ البِيئَةِ مُشْكِلَةٌ لَيْسَ مِنَ الْيَسِيرِ أَنْ نحلّها تماما. وَمِنَ الْجَدِيرِ بِالذِّكْرِ أَنَّ كَثِيراً من الْبُلدَانِ الْمُتَقَدِّمَةِ تُحاوِلُ أَنْ تَتَغَلَّبَ عَلَى هَذِهِ الْمُشْكلة بِعِدَّةِ وَسَائِل، ومِنَ الْمُتَوَقَعِ أَنْ تصِلَ هَذِهِ الْبُلْدانُ إلى نَتَائِجَ أَكْثَرَ إيجابِيَةً فِي الْمُسْتَقْبَلِ الْقَرِيبِ.

تمت صياغة هذا النص بحيث يشمل ما أردنا التدريب عليه من روابط.

It is well established that pollution of the environment is a problem which is not easy to solve. It is worth mentioning that many developed countries are trying to overcome this problem by various means, and it is expected that these countries will attain more positive results in the near future.

Note that ... مـن الــ can be followed by either adjectives or participles (active or passive):

It is easy to	مِنَ الْيَسِيرِ أَنْ
It is difficult to	مِنَ الصَّعْبِ أَنْ
It is worth mentioning that	مِنَ الْجَدِيرِ بِالذِّكْرِ أَنَّ
One of the things which is worth mentioning	(وَمِمَّا هُوَ جَدِيرٌ بِالذِّكْرِ) أَنَّ
It is necessary to	مِنَ الْوَاجِبِ أَنْ
It is well established that	مِنَ الثَّابِتِ أَنّ
It is (well) known that	مِنَ الْمَعْرُوفِ أَنَّ
It is clear that	مِنَ الْوَاضِحِ أَنَّ
It is understood that	مِنَ الْمَفْهُومِ أَنَّ
It is expected that	مِنَ الْمُتَوَقَّعِ أَنْ

It is expected that	مِنَ الْمُنْتَظَرِ أَنْ
It is most likely that	مِنَ الْمُرَجَّحِ أَنْ (أنّ)
It is probable that	مِنَ الْمُحْتَمَلِ أَنْ (أنّ)
It has been decided that	مِنَ الْمُقَرَّرِ أَنْ
It has been agreed that	مِنَ الْمُتَفَقِ عَليّه أَنْ (أَنَّ)
It is customary to	مِنَ الْمُعْتادِ أَنْ
(expresses English "ought to")	مِنَ الْمَفْرُوضِ أَنْ
It is preferable that	مِنَ الْمُسْتَحسَنِ أَنْ

Notes:

1. The preceding verb (or any of its derivatives) determines to a great extent the use of أنْ or أنَّ; hence it is the participle or adjective used in the above expressions that determines the use of أنْ or أنّ .

أمثلة:

١- من الجدير بالذكر أنَّ كثيرا من الدارسين للغة العربية يَصِفُونَها بأنها لغةٌ موسيقية.

٢- من اليسير أنْ يَتَمَنَّى الإنسان أيَّ شيء، ولكن من الصعب تحقيقُ كلِّ شيء.

٣- من الثابت علميا وجغرافيا أَنَّ الأرض تدور حول الشمس.

٤- من الواجب أنْ يدافع الإنسان عن حريته واستقلاله.

٥- من المعروف أنّ القمر يستمد أشعته من الشمس.

٦- كان من المقرر أن تُنْهِيَ اللجنة أعمالها غدا ولكنها لم تستطع.

٧- ليس من الصعب أنْ أقوم بهذا العمل.
٨- ليس من المرجح أنْ يعيدوا له الامتحان.

2. When the participle is derived from a verb followed by a preposition, as usual this preposition is kept with the participle and has attached to it the "dummy pronoun" (ضمير الشأن), which is always the third person singular pronoun suffix ـه.... Example:

من المتفق عليه أنْ يعملوا معا في هذا المشروع.

تمرينات:

1. Use the appropriate form of either adjective or participle after من الـ ....:

١- من الـ ________ أن الأرض تدور حول الشمس.
٢- ليس من الـ ________ أن ينجح في الامتحان.
٣- من الـ ________ أن نستعير الكتب من مكتبة الجامعة.
٤- من الـ ______ أن العرب كانوا أول من استعمل الصفر.
٥- كان من الـ ________ أن أَقْضِيَ أجازتي الصيفية في أوروبا.
٦- من الـ ________ أن صرف المكافآت يشجع العاملين.
٧- كان من الـ ________ أن تَعْرِضَ السكرتيرة كلَّ الأوراق على المدير.
٨- من الـ ________ أن هذا القرار سوف يُعْمَلُ به بعد نشره في الجريدة الرسمية.
٩- ليس من الـ ________ أحيانا أن تَحُلَّ مشاكل الآخرين ولكن من الـ ________ أن تَحُلَّ مشاكل نفسك.

١٠- من الـ ______ أن الحقيبة ضاعت في المطار.

١١- من الـ ______ أن الفيتامينات ضرورية لجسم الإنسان.

١٢- من الـ ______ أن اللغة العربية تكْتَبُ من اليمين إلى الشمال.

2. Use the appropriate form of أنْ or أنَّ:

١- من المقرر ____ يزورنا وزير التربية والتعليم أوائل العام الدراسي القادم.

٢- من المتفق عليه ____ محو الأمية عامل أساسي في البلاد.

٣- من الجدير بالذكر ____ جبران خليل جبران قد لفت إليه الأنظار والقلوب بفنه الخالد وأدبه المبدع.

٤- من المعروف ____ التدخين ضار بالصحة.

٥- كان من المفروض ____ يأخذ المرضى أدويتهم في الأوقات المحددة ولكن المُمَرِّضة نَسِيَت ذلك.

٦- من المرجح ____ ينتهوا من دراساتهم قُبَيْلَ نهاية العام الدراسي المقبل.

٧- من الواجب ____ يعلم كل إنسان أن حريته لا تعني مضايقة الآخرين.

٨- من المستحسن ____ تترك ضيفك يتصرف كما يريد.

٩- ليس من الصعب ____ نذهب إلى جيراننا سيرا على الأقدام.

١٠- من الثابت ____ الأرض كُرويَّة.

١١- من اليسير ____ نجد حلا لهذه المشكلة.

١٢- من المفهوم ____ الصداقة أبقى من الحب.

3. Fill in the blanks with the appropriate pronominal suffixes:

١- كان من الواضح أنّـ ـــــ فعلت هذا لإخفاء جريمتها.

٢- من المعروف أنّـ ـــــ كتبا الوصية قبل الموت بلحظات.

٣- من المحتمل أنّـ ـــــ استقال بسبب هذه الأزمة.

٤- من المرجّح أنّـ ـــــ سافرن إلى بيروت.

٥- من الثابت أنّـ ـــــ لاتقبلون مناقشة هذا الموضوع.

٦- من المعروف أنّـ ـــــ كرماء مثلنا.

٧- كان من الواضح أنّـ ـــــ لم توافق على رأيي.

٨- من المرجّح أنّ ـــــ نسيتُ الحقيبة في القطار.

٩- من المرجّح أنّـ ـــــ سيسافرن مع أزواجهن.

١٠- كان من المفهوم ـــــ يعيش هناك وحده.

١١- من الجدير بالذكر أنّـ ـــــ سيعيّنون موظفين جددا.

4. Complete the following sentences:

١- كان من المتفق عليه ـــــــــــــــ.

٢- من الواضح ـــــــــــــــ.

٣- من الجدير بالذكر ـــــــــــــــ.

٤- كان من المعروف ـــــــــــــــ.

٥- من المرجح ـــــــــــــــ.

٦- ليس من المتوقع ـــــــــــــــ.

٧- كان من المفروض ـــــــــــــــ.

٨- من الصعب ـــــــــــــــ.

٩- من المحتمل ـــــــــــــــ.

١٠- من الثابت ـــــــــــــــ.

١١- كان من المفهوم ـــــــــــــــــــــــــــــــــــــ.

١٢- من المنتظر ـــــــــــــــــــــــــــــــــــــ.

5. Form sentences from the following phrases and/or sentences, making any necessary changes as shown in the example:

محاولة الهرب قبل الاعتقال.

← من الواضح أنه حاول الهرب قبل اعتقاله.

١- دفاع الإنسان عن حريته.

٢- شروق الشمس من جهة الشرق.

٣- كتابة الوصية قبل الموت.

٤- السفر بعد ارتكاب الجريمة.

٥- عدد الدارسين آخذ في الازدياد.

٦- التدخين مضرّ بالصحة.

٧- الحرية لا تعني مضايقة الآخرين.

٨- نسيان الكتاب في الحديقة.

٩- السماح باستيراد السيارات بسبب الازدحام.

١٠- سرقة المحل وقت الغارة.

١١- الشفاء بعد العلاج الصحيح.

١٢- توقف المحرك بسبب عطل فني.

6. Translate the following sentences into Arabic:

1. It is well known that Asia is the largest continent.

2. It is necessary that he completes his studies at the end of this year in order to return to his country.

3. It was expected that the president would hold a press conference tomorrow, but he postponed it.

4. It is not likely that the council will approve this project.

5. It is well established that the sun is the greatest source of heat.

6. It has been decided that the government will construct ten new schools.

7. It was not clear that he will pass all his exams.

8. It is preferable to study colloquial and literary Arabic at the same time.

9. It has been agreed that the committee will meet next week.

10. It is worth mentioning that most of Naguib Mahfouz's works have been translated into the English language.

11. It is easy to learn the Italian language, but it is difficult to learn the Japanese language.

12. It was understood that if he refuses to answer the questions of the committee members he will not be promoted.

7. Write a paragraph using some of the functional phrases you have learnt in this lesson.

الدرس الثامن عشر

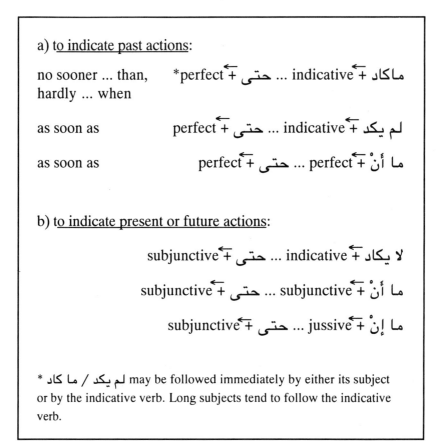

a) to indicate past actions:

no sooner ... than, hardly ... when	ماكاد + indicative ... حتى + perfect*
as soon as	لم يكد + indicative ... حتى + perfect
as soon as	ما أنْ + perfect ... حتى + perfect

b) to indicate present or future actions:

لا يكاد + indicative ... حتى + subjunctive

ما أنْ + subjunctive ... حتى + subjunctive

ما إنْ + jussive ... حتى + subjunctive

* لم يكد / ما كاد may be followed immediately by either its subject or by the indicative verb. Long subjects tend to follow the indicative verb.

تُوُفِّيَ الرَّسُولُ مُحَمَّدٌ بَعْدَ أَنْ أَرْسَى دَعائِمَ الإسلام داخلَ جزيرةِ العربِ وكان في نِيَّتِه نَشْرُ الإسلامِ خَارِجَها أيضا. وَلِهذا لَمْ يَكَدْ الرسولُ ينتقلُ إلى الرفيقِ الأعلى حتى عَمِلَ صحابتُهُ وأتباعُهُ على تحقيقِ سياستِه وذلك بتجهيزِ الجيوش وإرسالها لنشر الإسلام خارجَ جزيرةِ العربِ فيما عُرِفَ باسمِ الفُتوحاتِ الإسلامية.

وما أنْ بَدَأَت الفتوحاتُ الإسلاميةُ ووصلت حدودَ الهند وآسيا الصغرى وشمال أفريقيا حتى دَخَلَ في الإسلام كثيرٌ من أهلِ تلك البلاد.

ولا يكادُ الإسلامُ يدخلُ بلدا من البلاد وينتشرُ فيه حتى يكونَ المَسْجِدُ رَمْزَهُ الذي يَدُلُّ عَلَيْه.

محمد كامل حسين : انتشار الإسلام وأشهر مساجد المسلمين في العالم، ص ٢٩ القاهرة (د. ت) (بتصرف)

The Prophet Muhammad died after establishing the foundations of Islam inside the Arabian Peninsula. His intention was to spread Islam outside of it also. Therefore, no sooner had the prophet died than his companions and followers worked for the implementation of his policy by equipping and sending armies to spread Islam outside the Arabian Peninsula in what are known as the Islamic conquests.

No sooner had the Islamic conquests begun and extended to the boundaries of India, Asia Minor, and North Africa than many of the people of those countries embraced Islam.

As soon as Islam enters a country and spreads in it, the mosque becomes the symbol which indicates it.

أمثلة:

(a)

١- ماكاد العام الدراسيُّ ينتهي حتى رجع الطلابُ الأجانب إلى أوطانهم وذَوِيهِم.

(ما كاد ينتهي العام الدراسيُّ .. الخ).

٢- لم يكد العام الدراسي ينتهي حتى عاد الطلابُ الأجانب إلى أوطانهم وذَوِيهِم.

(لم يكد ينتهي العام ... الخ).

٣- ما أن انتهى العامُ الدراسي حتى عاد الطلابُ الأجانب إلى أوطانهم وذَوِيهم.

٤- ما كاد يَصلُ أستاذُ تاريخِ الشرق الأوسط حتى بدأ سلسلة محاضراته.

(b)

١- لايكادُ المدرسُ يدخلُ الفصل حتى يفتحَ الطلابُ دفاترهم استعداداً لكتابة الدرس.

٢- ما أنْ يدخلَ المدرس الفصل حتى يفتحَ الطلاب كتبهم.

٣- ما إنْ يدخلْ المدرس الفصل حتى يفتحَ الطلاب كتبهم.

٤- ما إنْ يظهرْ هذا الممثل المشهور على المسرح حتى تضجَّ القاعة بالتصفيق.

تمرينات:

1. Fill in the blanks with appropriate word(s):

١- ______ الشاعر يبدأ في إلقاء ______ حتى صَفَّقَ له ______.

٢- ______ أُجْرِيَتْ له العمليةُ الجراحية ______ مات في الحال.

٣- ما أن دخل ــــــ قاعة الاجتماعات ــــــ عزفت ــــــ السلام الوطني.

٤- لايكاد الضابط يأمر ــــــ بالانسحاب حتى يسرعوا بتنفيذ ــــــ.

٥- لم تكد ــــــ تُوقُف صَرْفَ المُرَتَّبات حتى ــــــ عمال المصانع عن ــــــ.

٦- ــــــ يصلان إلى المطار ــــــ تذكرا أنهما نسيا جوازات السفر.

٧- ــــــ المديرة تدخل ــــــ حتى اتصل بها ــــــ.

٨- لم ــــــ المريضة تتناول ــــــ حتى ــــــ بتحسن كبير.

٩- ــــــ ندرس أدوات ــــــ حتى ــــــ نستعمل بعضها في موضوعات الإنشاء والتعبير.

١٠- ــــــ إلى مكتبه حتى يطلب من ــــــ فنجان قهوة.

١١- ــــــ تفتح الجامعات ــــــ حتى تَمْتَلِئَ ــــــ بالقراء.

١٢- لم ــــــ المُجْرِم يخرج من ــــــ حتى ارتكب ــــــ أخرى.

2. Form sentences from each of the following pairs of phrases, making any necessary changes. Example:

الانتهاء من قراءة الرواية – نقد الرواية في مقالة طويلة

← ما كاد ينتهي من قراءة الرواية حتى بدأ بنقدها في مقالة طويلة.

١- تقديم بعض الاقتراحات – موافقة الأعضاء بالإجماع

٢- استلام الشهادة – العودة إلى الوطن

٣- الوصول للمحطة – ركوب القطار

٤- انتهاء زمن الهدنة – قيام الحرب

٥- وصول طائرة الرئيس – عزف السلام الوطني

٦- تناول الدواء – الشعور بالتحسن

٧- دخول الأستاذ الفصل – استعداد الطلاب للدروس

٨- هزيمة الجيش – استسلام المدنيين

٩- عمرها ست سنوات – دخول المدرسة

١٠- الخروج من المستشفى – سوء الحالة الصحية

١١- السفر إلى أوربا – معرفة الكثير عن الحضارة الأوروبية

١٢- تنفيذ سياسة الانفتاح الاقتصادي – تقدم الاقتصاد المصري

3. Complete the following sentences:

١- ماكاد الصيف ينتهي ———————————.

٢- ——————————— حتى عدنا إلى المنزل.

٣- ما أن وصلتني الرسالة ———————————.

٤- ——————————— حتى بدأ في إعداد رسالة الماجستير.

٥- لا يكاد الموظفون يصلون إلى المكتب ———————————.

٦- ——————————— حتى أقلعت الطائرة.

٧- ما كدنا نقرأ هذا النبأ الأليم ———————————.

٨- ——————————— حتى استقبلوه بالتصفيق والهتاف.

٩- ——————————— حتى بدأته بالتحية.

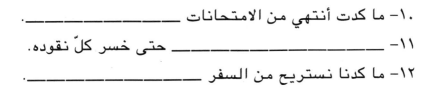

١٠- ما كدت أنتهي من الامتحانات ـــــــــــــــــــــ .

١١- ـــــــــــــــــــــ حتى خسر كلّ نقوده.

١٢- ما كدنا نستريح من السفر ـــــــــــــــــــــ .

4. Translate the following sentences into Arabic:

1. No sooner had the president begun his press conference than the foreign correspondents began questioning him about the Middle East problem.

2. As soon as they arrived in Cairo, they started learning the Arabic language.

3. The director had hardly left his office when he was called to return in order to sign some important papers.

4. As soon as we knew each other we became close friends.

5. No sooner had I graduated from the American University than I found a good job in a foreign company.

6. The new employees (plural fem.) had hardly arrived at the office when their director asked to meet them.

7. As soon as she arrives in Cairo she goes to visit her friends.

8. No sooner had the students finished their exam than they hurried to the cafeteria.

9. No sooner had the students entered the classroom than the professor started his lecture.

10. As soon as the teacher distributed the question papers the students began to answer.

11. No sooner had she recovered from her illness than her brother fell ill with the same disease.

12. No sooner had the singer finished his song than the audience applauded enthusiastically.

الدرس التاسع عشر

(a)

it was not long before perfect +← (لم يلبثْ أنْ) مالبِثَ أنْ

it did not take (him) long before

perfect +← (لم يلبثْ حتّى) مالبِثَ حتى

it does not take him long before

(rather rare) subjunctive +← (أنْ) or حتى ... + لايلبثُ

it will not be long before

(rather rare) subjunctive +← (أنْ) or حتى ... + لن يلبثَ

(b)

(he) had scarcely (hardly) .... when

perfect + حتى (time subject) +← *(v.n. + على) لم يمضِ

it was not long before

perfect + حتى *(v.n + على) + (time subj.) +← لم يمضِ

it will not be long before

subjunct. + حتى (time subj.) +← *(v.n. + على) لن يمضيَ

it will not be long before

subjunct. + حتى *(v.n. + على) +← (time subj.) لن يمضيَ

* optional

في مَجال تعليم اللغات الأجنبية نَجِدُ أنَّ الاهتمام كان مركّزاً على اللغة المكتوبة وذلك حتى أوائل القرن الحالي. ولهذا فقد كانت المهارة اللُّغوية التي تُركِّزُ عليها المدارسُ عند تعليم الطلاب لغة أجنبية هي مهارة القراءة. وكانت طريقةُ التدريس تبعا لذلك تعتمد على تدريس قواعد اللغة الأجنبية ثم تدريب الطلاب على قراءةِ نصوصٍ مكتوبة بتلك اللغة وترجمتها إلى اللغة القومية.

ولكنَّ هذه الظاهرةَ مَالَبِثَتْ أنْ تغيرّت وأصبحت مهارتا الاستماع والكلام هما الأهم من مهارة القراءة. ولن يمضيَ وقتٌ طويل حتى نجدَ العديد من النظريات والبحوث التي تشهد بتطورٍ ملحوظ في حقل الدراسات اللغوية وبخاصة في طرق تعليم اللغات الأجنبية.

دكتور نايف خرما - أضواء على الدراسات اللغوية المعاصرة - الكويت ١٩٧٨ - صفحات ٤٩-٥٧ (بتصرف)

In the field of teaching foreign languages, we find that concern was focused on the written language up to the beginning of the present century. For that reason, the language skill which schools focused on when teaching students a foreign language was the reading skill. Accordingly, the teaching method depended on teaching the rules of the foreign language and then training the students in reading texts written in that language and translating them into the native language.

However, it was not long before this phenomenon changed and the listening and speaking skills became more important than the reading skill, and it will not be long before we discover many theories and studies which will prove a remarkable development in the field of linguistic studies, particularly in the methods of teaching foreign languages.

(a)

أمثلة:

١- كنتُ لاأعرف العوم ومَاَ لَبِثْتُ بعد التدريب حتى أصبحتُ عضوا مهما في نادي السباحة.

٢- بَدَأْنَ بدراسة التاريخ الفِرْعَوْنِيّ ثم لَمْ يلبثْنَ حَتَّى درسن التاريخ الإسلامي.

٣- لم يكن يحب الشعر القديم ومَاَ لَبِثَ أَنْ أُعْجِبَ به بعد مساعدة أستاذه له على فهمه.

٤- بَدَأَتْ بدراسة اللغة الفرنسيةَ ومَاَ لَبِثْتْ حَتَّى أَتْقَنَتْها.

٥- سافروا إلى أمريكا ومالبثوا حتى تعلموا اللغة الإنجليزية.

تمرينات:

1. Fill in the blanks with مالبث أن or ما لبث حتى :

١- عاد إلى القاهرة منذ أسبوع ولكنه ______ سافر مرة أخرى.

٢- كانا يكرهان العمل هناك ولهذا ______ استقالا.

٣- كان عضوا في اتحاد الكتاب ______ انتخب رئيسا للاتحاد.

٤- حصلوا على شهاداتهم الثانوية ______ التحقوا بالجامعة.

٥- أسست مدينة بغداد ______ أصبحت مركزا حضاريا مشهورا.

٦- حضروا إلى القاهرة ______ تركوها عائدين إلى بلدهم.

٧- ظلّ أعزب لوقت طويل وعندما قابلها غيرّ رأيه ______ تزوجها.

٨- لم تكن تعرفهم جيدا ولكنها ______ أصبحت صديقة لهم.

٩- تجمعوا حول السفارة في مظاهرة صاخبة ولكنهم ______ تفرقوا بعد الاستجابة لمطالبهم.

١٠- كانت تكره التدريس ولكنها ______ أصبحت مدرسة ممتازة.

١١- كان يحب الملاكمة ولهذا ______ صار بطلا فيها.

١٢- لم تكن تتكلم اللغة العربية ولكنها ______ تعلمتها.

2. Complete the following sentences using the appropriate form of ما لبث أن (حتى):

١- كان يحب الرياضة ______________.

٢- بدأت الكاتبة بتأليف رواية جديدة ______________.

٣- ______________ حتى اعتذروا عن إتمام الصفقة.

٤- حضرنا إلى الحفل الموسيقى ______________.

٥- التحقا بالجامعة الأمريكية للدراسة ______________.

٦- ______________ أن تركوا أسلحتهم وهربوا.

٧- ______________ حتى رجعن إلى وطنهن.

٨- التحق بالسلك الدبلوماسي ______________.

٩- اختار أن يعيش في لندن ______________.

١٠- أحبَّ السّهرَ في الملاهي الليلية ______________.

١١- ______________ أن هاجرت إلى أمريكا.

١٢- عرفها أثناء إقامته في مصر ______________.

3. Rewrite the following sentences using the appropriate form of ما لبث أن (حتى). Example:

ذاقوا الطعام المصري وأحبوه بعد وقت قصير.

← ذاقوا الطعام المصري ومالبثوا أن أحبوه.

١- تعرفا على بعضهما البعض وتزوجا بعد وقت قصير.

٢- عمل في شركة استثمار أجنبية واستقال بعد وقت قصير.

٣- انضموا إلى الحزب الجمهوري ثم تركوه بعد وقت قصير.

٤- اشتركنا في سباق السباحة وانسحبنا بعد وقت قصير.

٥- ذهبنا للدراسة في أمريكا ورجعنا بعد وقت قصير.

٦- ظهر البترول في الكويت وأصبحت من أغنى الدول بعد وقت قصير.

٧- تركنا البيت وعدنا إليه بعد وقت قصير.

٨- فتح المسلمون مصر وآمن كثير من أهلها بالإسلام بعد وقت قصير.

٩- عرض اقتراحه على اللجنة وقد وافقت عليه بعد وقت قصير.

١٠- دخل المستشفى للعلاج وخرج منها بصحة جيدة بعد وقت قصير.

١١- كان يَدَّخِرُ من دخله ولهذا فقد أصبح غنيا بعد وقت قصير.

١٢- تَرَكَت بيت الزوجية ولكنها عادت إليه بعد وقت قصير.

4. Form five sentences using مالبث أن or مالبث حتى .

(b)

أمثلة:

١- لم يمضِ على تأسيس بغداد وقت طويل حتى أصبحت مركزا حضاريا وثقافيا هاما.

٢- لم يمضِ وقت طويل على تأسيس بغداد حتى أصبحت مركزا حضاريا وثقافيا هاما.

٣- لم يمضِ على التحاقه بالجامعة شهران حتى تعرّف على معظم الطلبة.

٤- لم يمضِ شهرانْ على التحاقه بالجامعة حتى تعرّف على معظم الطلبة.

٥- لن يمضيَ على التحاقه بالجامعة شهران حتى يتعرّفَ على معظم الطلبة.

٦- لن يمضيَ شهران على التحاقه بالجامعة حتى يتعرّفَ على معظم الطلبة.

تمرينات:

5. Fill in the blanks with لم يمضِ ... حتى ... :

١- ــــــ على سفره شهران ــــــ عاد إلى القاهرة ثانية.

٢- ــــــ عامان على التحاقه بالشركة ــــــ أصبح مديرا لها.

٣- ــــــ قليل على وصوله إلى المطار ــــــ فَقَدَ جوازَ سفره.

٤- ــــــ سنوات على اشتغاله بالتدريس ــــــ أصبح مدرساً ممتازاً.

٥- ــــــ على حضوري إلى القاهرة عام ــــــ قررت الإقامة بها.

٦- ـــــــ وصوله إلى أمريكا وقت طويل ـــــــ أصبح رجلا ثريا.

٧- ـــــــ شهر على إجرائه العملية ـــــــ دخل المستشفى مرة أخرى.

٨- ـــــــ على زواجهما عامان ـــــــ انفصلا.

٩- ـــــــ سنة على دراستي اللغة العربية ـــــــ استطعت الكتابة بها.

١٠- ـــــــ ساعة على قرار مدير الشركة ـــــــ أضرب كل العمال.

١١- ـــــــ دقيقة على حديثي معه ـــــــ انقطعت المكالمة.

١٢- ـــــــ دقائق على بَدْءِ الحريق ـــــــ اشتعل كل شيء بالمصنع.

6. Complete the following sentences using . . لم يمضِ ... حتى or لن يمضيَ ... حتى as appropriate:

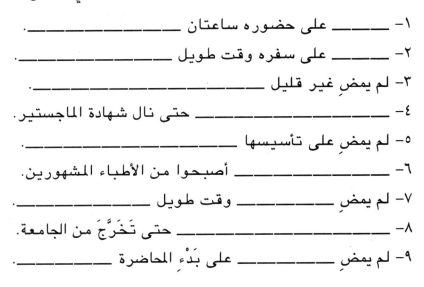

١- ـــــــ على حضوره ساعتان ـــــــــــــــــ.

٢- ـــــــ على سفره وقت طويل ـــــــــــــــــ.

٣- لم يمضِ غير قليل ـــــــــــــــــــــ.

٤- ـــــــــــــــ حتى نال شهادة الماجستير.

٥- لم يمضِ على تأسيسها ـــــــــــــــــــــ.

٦- ـــــــــــــــ أصبحوا من الأطباء المشهورين.

٧- لم يمضِ ـــــــــ وقت طويل ـــــــــــــــ.

٨- ـــــــــــــــ حتى تَخَرَّجَ من الجامعة.

٩- لم يمضِ ـــــــــ على بَدْءِ المحاضرة ـــــــــ.

١٠- ________________ حتى أحس بالتعب.

١١- لم يمضِ على اشتراكه فى النادي ____________.

١٢- لم تمضِ ساعة على ________________.

7. Rewrite the following sentences using لم يمضِ على ... حتى while keeping the same meaning. Example:

عمل في هذه الشركة سنتين وأصبح رئيسا لها.

← لم يمضِ على عمله في هذه الشركة سنتان حتى أصبح رئيسا لها.

١- بعد ساعة من وصول المَدْعُوِّينَ إلى الحفلة وصل العروسان.

٢- درس الأدب العربي سنة وأصبح معجبا به إلى حد كبير.

٣- اجتمعوا ساعتين ووصلوا إلى قرار نهائي.

٤- فكرت في هذه المشكلة لحظات ووجدت حلا لها.

٥- مضى على طبع كتابه شهران ونفدت كل النسخ.

٦- انتظر صديقه خمس دقائق وترك النادي.

٧- وصل إلى أمريكا منذ وقت قليل وتسلم رسالة من صديقته.

٨- بدأت المباراة منذ عشر دقائق وألغاها الحكم.

٩- اِشْتَغَلَتْ بالتمثيل منذ ثلاث سنوات وأصبحت ممثلة مشهورة جدا.

١٠- ماتت بعد إجراء العملية بساعتين.

١١- تزوجا لمدة ثلاث سنوات ثم انفصلا.

١٢- باع منزله بعد شرائه بستة أشهر.

8. Form five sentences using ... حتى ... لم يمضِ or حتى ... لَنْ يمضيَ.

9. Translate the following sentences into Arabic using ماﻟﺒﺚ حتى, لم يمضِ ... حتى or ماﻟﺒﺚ أن where appropriate:

1. My brother went to the United States, and it was not long before he returned to his country.

2. Her friend came to visit her, and it did not take her long to decide to stay with her and work in that city.

3. It was scarcely a week after they entered the Faculty of Law when they decided to leave it.

4. It was scarcely three weeks after I returned from Japan when I traveled once again.

5. It was not long after I began to study the French language when I was able to write it.

6. It was scarcely an hour after the director's arrival at the office when he called for a meeting.

7. They (dual fem.) published their first book last month. It was not long before they became famous.

8. They (plural fem.) decided to live in Beirut, but it was not long before they changed their mind because of the civil war there.

9. It was only a few weeks after his father's death that he left for Italy.

10. It was scarcely half an hour after the match started when one of the players asked to be changed.

11. It was scarcely a week after his graduation that he applied for the master's degree.

12. Scarcely had one year passed after the publishing (publication) of her first book when she published two more books.

الدرس العشرون

مراجعة على الدروس من السادس عشر حتى التاسع عشر

1. Fill in the blanks with an appropriate connector:

١- أخاف عليه ـــــــــ يموت بعد إجراء العملية.

٢- كان الجمهور يظن ـــــــــ تركت التمثيل.

٣- أريد ـــــــــ أدرس أدوات الربط جيداً.

٤- ـــــــــ ينتهي من خطابه ـــــــــ صَفَّق له الحاضرون.

٥- قبلت دعوتي للعشاء ولكنها ـــــــــ حتى اعتذرت.

٦- ـــــــــ على زواجهما سنة ـــــــــ انفصلا.

٧- يجب على الإنسان ـــــــــ ييأس من الحياة.

٨- قالوا لنا ـــــــــ الاجتماع قد تأجل يومين.

٩- يجب ـــــــــ تهتم بدروسك.

١٠- ـــــــــ بدأ الفيلم ـــــــــ أنصت كل الأطفال.

١١- يبدو ـــــــــ المسألة أكبر من ذلك بكثير.

١٢- حصل على شهادة ـــــــــ عاد إلى بلده.

2. Complete the following sentences:

١- من المفروض أن ـــــــــ.

٢- إني أَتَصَوَّرُ أن ـــــــــ.

٣- ما أن فتح الباب ـــــــــ.

٤- لم يمضِ على وصولي ـــــــــ.

٥- بعد أن أحصل على شهادت ـــــــــ.

٦- ظن البعض أنها ـــــــــــــــــــــــــــــــ .

٧- التحقوا بالجامعة وما لبثوا ـــــــــــــــــــــــ .

٨- يجب ألا ـــــــــــــــــــــــــــــــــــ .

٩- إن الصحافة في الحقيقة ـــــــــــــــــــــــ .

١٠- من المؤكد ـــــــــــــــــــــــــــــــ .

١١- لم يمضِ على ـــــــــــــــــــــــــــــ .

3. Rearrange the following words to form complete sentences:

١- ألا – الفشل – ييأس – يجب – بعد.

٢- يكره – وما لبث – استقال – كان – العمل – أن.

٣- الجائزة – على – يحصل – يأمل – أن – كان.

٤- يحقق – أحسن – من – نتائج – المتوقع – أن.

٥- الفتوحات – ما أن – الإسلام – حتى – انتشر – بدأت.

٦- ينجح – في – الامتحان – ألا – يخاف.

٧- عاصمة – نعرف – مصر – أن – القاهرة.

٨- العام الدراسي – حتى – الطلاب – إلى – عاد – بلادهم – لم يكد – ينتهي.

٩- في – العمل – ذكرت – رسالتها – قبلت – أنها – الجامعة – في.

١٠- بلده – سنة –– على – لم يمضِ – سفره – رجع – حتى – إلى.

١١- شيء – عنها – إني – ممتازة – كل – أعرف – طالبة – فهي.

١٢- الواجب – أن – تشعرهم – الفقراء – لا – تساعد – من – بحيث – إحراج – بأي.

4. Use each connector in a complete sentence:

١- أنّ
٢- من المقرر أن
٣- لم يمضِ ... حتى ...
٤- قال إنه
٥- يجب ألاّ
٦- مالبث أن
٧- لم يكد ... حتى
٨- فكّر في أن
٩- ظنّ أنّ
١٠- إنَّ
١١- من المتوقع ...
١٢- ما أنْ ... حتى ...

5) Fill in the blanks with the appropriate connectors which you have studied in the previous lessons:

في بعض الأحيان تتوهم ______ وصلت إلى طريق مسدود. لاتعد أدراجك! دُقَّ الباب بيدك لعل البواب ______ خلف الباب أصم لايسمع. دُقَّ الباب عدة مرات، ______ حاول ______ تدفعه برفق، ______ اضرب عليه بشدة. كل باب مغلق لابُدَّ ______ ينفتح. اعلم ______ كل واحد منا قابل مئات الأبواب المغلقة ولم ييأس، ______ كنا يئسنا لظللنا واقفين أمام الأبواب.

اعلم ______ من ______ تضيع وفي قلبك إيمان بالله. ______ الدنيا آلة ضخمة يجب ______ تضع فيها جهداً لتدور وتعطينا، ______ الممكن ______ نعطي أول الأمر ولا نأخذ. فيجب ______ نكرر العطاء ______ الجهد ______ العمل ______ تتحرك الدنيا ______ تمنحنا بعض ______ نريد.

عن جريدة الأخبار ١٢/٦/١٩٩٠ عمود "فكرة" لمصطفى أمين (بتصرف).

6. Translate the following sentences into Arabic:

1. The participants in the conference decided to hold its next meeting in Alexandria.

2. It is worth mentioning that Adel graduated with honors although he was ill for a whole month.

3. It was not long after the establishment of this new college that it became well respected throughout the country.

4. She stated that she was very happy in her new job at the university.

5. It is well known that the Arabic language is difficult, but it is a beautiful language when the student understands it well.

6. No sooner had the two countries agreed on a truce than the ceasefire was violated and fighting began again.

7. Scarcely had two months passed after the chairman's resignation when two of his assistants resigned too.

8. The dean of the Faculty of Medicine said that the result of the final examinations would appear one week later.

9. It is not likely that we will meet the president of the university tomorrow.

10. She had hardly left the room when she heared loud shouts behind her.

11. It was only a few months after his departure when he decided to return to his old job.

12. As soon as the civil war began in Lebanon many foreigners left the country.

الدرس الحادي والعشرون

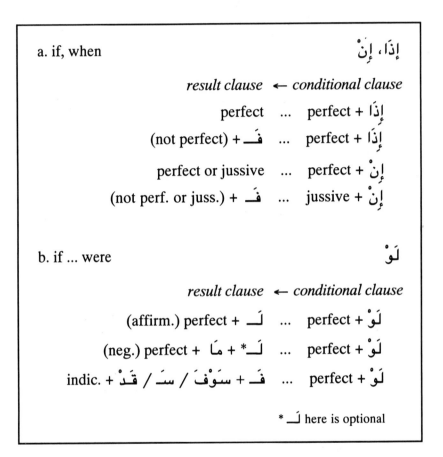

a. if, when — إذَا، إنْ

result clause	←	conditional clause
perfect	...	perfect + إذَا
(not perfect) + فَـ	...	perfect + إذَا
perfect or jussive	...	perfect + إنْ
(not perf. or juss.) + فَـ	...	jussive + إنْ

b. if ... were — لَوْ

result clause	←	conditional clause
(affirm.) perfect + لَـ	...	perfect + لَوْ
(neg.) perfect + مَا + لَـ*	...	perfect + لَوْ
indic. + قَدْ / سَـ / سَوْفَ + فَـ	...	perfect + لَوْ

* لَـ here is optional

إِذَا لم نقسم العرب قسمة حسب الأجناس إلى قَحطانِيّين وعدنانِيّين فلابد لنا من أن نقسمهم قسمة جغرافية - جنوبيين وشمالِيّين باعتبار اختلاف المسكنيْن من الجنوب والشمال. أما إذا أدخلنا اليمن السياسية في حسابنا فإن الفرق سيكون عظيما. ولذلك سنقارن بين العرب في الشمال والعرب في الجنوب باستثناء اليمن السياسية.

إنْ بحثنا عن أصل عرب الشمال وجدنا أنهم كانوا أصفى أنسابا، وإذا فرضنا اختلاطهم بمن جاورهم في الشام والعراق فإن هذا الاختلاط كان بين عرب وعرب أو بين عرب وساميين. وإن كان هناك اختلاط بين عرب الشمال وبين الفرس والروم فقد كان نادرا جدا. ومَنْ يبحثْ عن عرب الجنوب يَجِدْ أنَّ اختلاطهم بالإفريقيين خاصة وبالفرس والهنود كان بارزا جدا.

عمر فرّوخ - العرب في حضارتهم وثقافتهم إلى آخر العصر الأموي - بيروت ١٩٦٨ - ص ٤٣ (بتصرف)

If we do not classify the Arabs racially as Qahtanids and Adnanids, then we must classify them geographically into southerners and northerners in consideration of the difference in their environment in the south and the north. However, if we include in our consideration the politicial entity of Yemen, the difference will be very great. Hence, we shall compare the Arabs in the north and the Arabs in the south, excluding the Yemen as a political entity.

If we look into the origin of the Northern Arabs, we find that they are of purer lineage, and if we presume they intermingled with those neighboring them in Syria and Iraq, then this intercourse was between Arabs and Arabs or between Arabs and Semites. If there was any intercourse between the northern Arabs and the Persians and Byzantines, it was very rare. Anyone who studies the Arabs of the south will find that their interaction with the Africans in particular and with the Persians and Indians was a very prominent feature.

أمثلة:

a. (إذا / إن)

١- إذا (إن) ذاكرت نجحت.

If you study, you will succeed.

٢- إذا (إن) ذاكرت فستنجح.

If you study, you will succeed.

٣- إذا (إن) ذاكرت فلن ترسب.

If you study, you will not fail.

٤- إن سافرت فاكتْب لي.

If you travel, write to me.

٥- إن تذاكرْ تنجحْ.

If you study, you will succeed.

٦- إن تذاكرْ فستنجح.

If you study, you will succeed.

٧- إذا (إن) ذاكرت فقد تنجح (فربما تنجح).

If you study, you may succeed.

٨- إن تذاكرْ فقد تنجحُ (فربما تنجحُ)

If you study, you may succeed.

b. (لو)

١- لو زارني لأخبرته.

If he had visited me, I would have told him.

٢- لو زارني ما قلت له.

If he had visited me, I would not have told him.

٣- لو زارني فسوف أقول له.

If he were to visit me, I would tell him.

Notes:

1. The conditional particles in Arabic are many; they can be divided according to their grammatical function as follows:

   (i) Particles followed by either the perfect or the jussive, in both the conditional and the result clause:

   إنْ, مَنْ, مَا, مَهْمَا, مَتَى, أيْنَمَا, and حَيْثُمَا

   (ii) Particles followed by the perfect in both the conditional and the result clause:

   لَوْ, إذَا, and كلما

2. If the result clause does not begin with the <u>jussive</u> or <u>perfect</u>, it is usually introduced by فـ. Examples:

١- مَنْ أخْلَصَ (يُخْلِصْ) في عمله <u>فالله معه</u>.

٢- مهما حاولتَ (تحاولْ) <u>فلن أقتنع برأيك</u>.

٣- متى ارتفعَ (يرتفعْ) مستوى التعليم <u>فسوف يزدهر اقتصاد البلد</u>.

٤- إذا وصلتَ مبكرا <u>فاكتبْ لي</u>.

٥- إن رأيتَه <u>فلا تقلْ له شيئا</u>.

3. If the word order is reversed, i.e. the result clause comes before the conditional clause, there is no need to use فـ. Examples:

لن أقتنع بوجهة نظرك مهما فعلت.

قد أؤيدك لوكنت على حق.

4. A nominal sentence can be changed into a conditional sentence by providing the appropriate form of كان after إذا, إن, or لو. Also, أنّـ could be used after لو. Example:

أنت صادق ولذلك فسوف أؤيدك.

← ١- إذا كنت صادقا فسوف أؤيدك.

٢- إن كنت صادقا فسوف أؤيدك.

٣- لو كنت صادقا لأيدتك.

٤- لو أنك صادق لأيدتك.

٥- لو أنك صادق فقد أؤيدك.

5. For stylistic reasons, the subject may precede the verb in the conditional clause, as in some Quranic verses or poems. Examples:

إذا السماءُ انفَطَرتْ، وإذا الكواكبُ انتثَرتْ، وإذا البحارُ فُجِّرتْ، وإذا القبورُ بُعثرتْ، عَلمتْ نفسٌ ماقدَّمتْ وأخرتْ.

(من سورة الانفطار)

إذا الشعبُ يوماً أراد الحياةَ

فلابُدَّ أن يستجيبَ القدَرْ

تمرينات:

1. Fill in the first blank in each sentence with the appropriate conditional particle, then begin the result clause with an appropriate word.

١- ـــــــ درست اللغة العربية ـــــــ عادات الشعوب العربية.

٢- ـــــــ سافرت ـــــــ لي رسالة.

٣- ـــــــ درس ـــــــ في الامتحان.

٤- ـــــــ تُذاكر ـــــــ.

٥- ـــــــ أنك مسافر غدا ـــــــ معك.

٦- ـــــــ كان مسافرا غدا ـــــــ معه.

٧- ـــــــ رفض المشروع ـــــــ ستفعل؟

٨- ـــــــ كنت مؤلف هذه الرواية ـــــــ في نهايتها.

٩- ـــــ ـــــ بحثتم عن الكتاب جيداً ـــــ.

١٠- ـــــ ـــــ اجتهدتم في عملكم ـــــ الله.

١١- ـــــ ـــــ فكر في الأمر بجدية ـــــ الحل.

١٢- ـــــ ـــــ زرتني ـــــ لك المشروع بالتفصيل.

2. Change the following into conditional sentences, making the necessary changes, while keeping the same meaning. Examples:

استعمال الوسائل الحديثة سيُخفِّض من تكاليف المشروع.

→ إذا استعملت الوسائل الحديثة انخفضت تكاليف المشروع.

اعتباره صديقا لنا سيجعله يتعاون معنا.

→ إن اعتبرناه صديقا لنا تعاون معنا.

سوف أؤيدك في جميع الأحوال.

→ سوف أؤيدك مهما حدث.

١- تعديل الدستور سوف يحدث أزمة.

٢- ماذا سيفعل الشعب عند استقالة الرئيس؟

٣- أسرِعوا كي تستطيعوا اللحاق بالطائرة.

٤- لا يهمني ماسيحدث فسوف أساعدك حتى النهاية.

٥- أكملوا دراستكم حتى لاتفشلوا في حياتكم العملية.

٦- اجتهادك في عملك سيجعل منك إنساناً ناجحاً في الحياة.

٧- يجب أن نحافظ على نظافة مدينتنا لكي نجتذب السواح إليها.

٨- من الخطأ أن تتركي المدرسة.

٩- هل أنت أقوى المرشحين؟ إذاً أنتخبك؟ *

―――――――――――

* This is called إذاً الجوابية (response إذاً) and is written with a final أ (ألف).

١٥٨

١٠- بيع السيارة سيتعبه في المواصلات.
١١- إهمالها في علاج نفسها سيضاعف المرض عليها.
١٢- ستحصل على جائزة بعد أن تغني في الحفلة.

3. Complete the following sentences:

١- إذا خفَّض التجار أسعار البضائع

______________________________________.

٢- ____________________ فسوف نستقبله في المطار.

٣- إن هاجم العدو الوطن ____________________.

٤- ____________________ لما كتبت هذه المقالة.

٥- لو كنتَ أعيش في الولايات المتحدة

______________________________________.

٦- ____________________ فلن أذهب إلى الجامعة معك اليوم.

٧- إذا أمطرت اليوم ____________________.

٨- ____________________ مهما كانت الظروف.

٩- ____________________ فقد أخبره بالحقيقة.

١٠- لو ساعدوه ماديا ____________________.

١١- ____________________ فسيعجبون به.

١٢- إذا اتفقت معهم ____________________.

4. Form five conditional sentences using إن, إذا, or لو.

N.B.: إذا and إن are negated with لم while لو is negated with either لم or لا.

	conditional clause
if not	jussive + ← إذا لـــم
if not	jussive + ← إنْ لـــم
had ... not	jussive + ← لو لـــم
were it not for	nom. noun, v.n., or pronoun + ← لولا

Rules for the result clause are the same as those for affirmative conditional sentences.

أمثلة:

١- إذا لم تمطر السماء قمنا بالرحلة.

٢- إذا لم تحضر الاجتماع فلن أحضره كذلك.

٣- إن لم تقم بهذه المهمة قمت بها أنا.

٤- إن لم تساعدني فلن أساعدك مطلقا.

٥- لو لم أكن مصريا لوددت أن أكون مصريا.

٦- لو لم تساعدني لما ساعدتك (ما ساعدتك).

٧- لولا الطبيب لمات المريض.

٨- لولا مساعدته لي في الامتحان لما (/ ما) نجحت بتفوق.

٩- لولاه لما (/ ما) أكملت الرحلة.

تمرينات:

5. Fill in the blanks with appropriate negated conditional particle:

١- ــــــ ــــــ تدرس اللغة العربية جيدا لما استطعت التحدث بها.

٢- ــــــ ــــــ ــــــ تصل الطائرة في الميعاد المحدد عدنا إلى المنزل.

٣- ــــــ ــــــ ــــــ تكن متخصصا في هذا الميدان لما استطعت حل المشكلة.

٤- ــــــ ــــــ ــــــ تَفَوّقه في مادة الأدب العربي لما نال المنحة الدراسية.

٥- ــــــ ــــــ ــــــ تساعده ساعدته أنا.

٦- ــــــ ــــــ ــــــ يقف القطار في المحطة لما استطعت ركوبه.

٧- ــــــ ــــــ ــــــ هروب اللص لنال الضابط ترقية.

٨- ــــــ ــــــ ــــــ تحضروا المحاضرة غضب الأستاذ.

٩- ــــــ ــــــ ــــــ مساعدتك لما نجح المشروع.

١٠- ــــــ ــــــ ــــــ تفتح النافذة لاختنقت من الحر.

١١- ــــــ ــــــ ــــــ يعتقلوه فسيرتكب جرائم أخرى.

١٢- ــــــ ــــــ ــــــ إضراب العمال لما حصلوا على حقوقهم.

6. Complete the following sentences:

١- إذا لم تستطع مقابلتي غدا ــــــــــــــ.

٢- ــــــــــــــ فلن أتصل بك بعد اليوم.

٣- إن لم يقابل الصحفيون الرئيس ــــــــــــــ.

٤- ــــــــــــــ أكملت المشروع وحدي.

٥- لو لم يحضر الطبيب في الحال ــــــــــــــ.

٦- ــــــــــــــ لألقيت كلمة الافتتاح نيابةً عنك.

٧- ــــــــــــــ لكانت المشكلة أكبر.

٨- إن لم يحضروا في الموعد ______________________.

٩- لولا الفَلاّح __________________________.

١٠- ____________ لما كانت مجانية التعليم في مصر.

١١- لو لم يعتذر لها _______________________.

١٢- _______________ لما حضرت الحفلة.

7) Rewrite the following sentences, using negated conditional particles, while keeping the same meaning. Examples:

مرض أخي فلم أستطع زيارة عمي في الريف.

← لولا مرض أخي لزرت عمي في الريف.

عندما لا يساعدك أحد فسوف أساعدك.

← إن لم يساعدك أحد فسوف أساعدك أنا.

١- سأطلب مساعدتك عند ما لا أستطيع حل المشكلة بمفردي.

٢- من الجائز ألا يستطيع والدي الحضور وسأحضر بدلا منه.

٣- سينيب الرئيس مساعده لحضور الاجتماع في حالة عدم استطاعته الحضور.

٤- كنت سأفشل في الامتحان ولكنه ساعدني في المذاكرة.

٥- صوتها جميل ولذلك غنت في الحفلة.

٦- الجو معتدل وجميل ولذلك خرجنا للنزهة.

٧- لأن الملك كان عادلا لم تقم ضده ثورة.

٨- استطعت أن أقيم في القاهرة لأن لي أقارب هناك.

٩- اشترى البيت الجديد لأن لديه أموالا كثيرة.

١٠- لم يتهموه لحسن حظه.

١١- فاز في السباق لاشتراكه بأسرع حصان.

١٢- حصلت على جائزة لكتابها القيّم.

8. Form five sentences, each containing a negated conditional particle.

N.B.: The following constructions also give conditional meaning:

even if, even though	وَإِنْ
	وَلَوْ
	حَتَّى وَإِنْ
	حَتَّى إِذا
	حَتَّى لَوْ
	وَإِنْ كَانَ
if not, otherwise	وَإِلاَّ (إِنْ + لاَ)، وَإِلاَّ فَـ
on condition that, provided that	عَلَى أَنْ
unless	إِلاَّ إِذَا

أمثلة:

١- لن أحضر هذا الحفل وإن حضرته صديقتي.

٢- سأحضر هذا الحفل وإن لم تحضره صديقتي.

٣- سيستمر الاحتفال ولو لم يحضره العميد.

٤- أقسم أن يظلَّ مخلصا لحبيبته حتى وإن نسيته.

٥- صمم على أن يشتري هذا البناء حتى لو بلغ ثمنه آلاف الجنيهات.

٦- البدوي يكرم ضيفه حتى إذا لم يكن يعرفه.

٧- لن أصالحه إلا إذا اعتذر.

٨- من الجائز أن أسافر غدا وإلا حضرت الاجتماع.

٩- من الجائز أن أسافر غدا وإلا فسأحضر الاجتماع.

١٠- تستطيع أن تغيب عن المكتب اليوم على أن تعود غدا صباحا.

١١- يجب أن يعتذر لي وإلا فلن أصالحه.

9. Complete the following sentences using any of the above conditional particles (وإن, ولو, إلا إذا, حتى وإن, etc.)

١- سأبدأ في كتابة المقالة ________________.

٢- أتوقع أن ينال مشروعي تأييد الأغلبية. ________.

٣- إنهم مضطرون إلى السفر إلى الإسكندرية ________.

٤- سافروا إلى لبنان ________________.

٥- وافقا على الاشترك في هذا البرنامج ____________.

٦- في نيتهم أن يهاجروا إلى أمريكا ____________.

٧- اعتذر عن تقديم تقريره في جلسة اليوم ________.

٨- لقد طالبوا بزيادة مرتباتهم ______________.

٩- لن أوافق على مشروعه ________________.

١٠- أعطيته كل ماطلبه ________________.

١١- لن تقبل في قسم الدراسات العربية ____________.

١٢- سأعطيها المبلغ كله ________________.

10. Rewrite the following sentences using any of the above conditional constructions, making the necessary changes while keeping the same meaning. Examples:

ساعِدوني حتى أساعدكم.

← ساعِدوني <u>وإلا فلن</u> أساعدكم.

من الممكن أن تأخذ اليوم عُطْلَة بشرط أن تعود للعمل غدا.

← من الممكن أن تأخذ اليوم عطلة <u>على أن</u> تعود للعمل غدا.

← من الممكن أن تأخذ اليوم عطلة <u>على ألاَّ</u> تتغيب عن العمل غدا.

أنتم لن تساعدوني ومع ذلك فسوف أساعدكم.

← سوف أساعدكم وإن لم تساعدوني.

← سوف أساعدكم حتى إذا لم تساعدوني.

١- هم مستعدون لدفع الثمن ولكن لن أبيعها لهم.

٢- سوف أسحب اقتراحي بشرط أن تسحب اقتراحك أيضا.

٣- سوف أزورك مع أن الامتحانات قريبة جدا.

٤- أنت لم تشترك في هذا المشروع ومع ذلك فسأشترك أنا فيه.

٥- لن أشترك في هذا المشروع لأنك لم تشترك فيه.

٦- اضطر الوزير إلى السفر فجأة ولذلك لم يحضر الاجتماع الهام.

٧- لن استطيع زيارة الأهرامات هذه المرة ولكني سأزورها في المرة القادمة.

٨- سيحاول مساعدتها مع أنها ترفض ذلك.

٩- يقول دائما رأيه بصراحة بالرغم من وجود رئيسه.

١٠- سأعطيك مفتاح السيارة لتقودها بنفسك.

١١- أَخْذُ الدواء بانتظام يجعل شفاءها أمرا مؤكدا.

١٢- عدم مضايقته لي ستجعلني أستذكر دروسي.

11. Translate the following sentences into Arabic:

1. If you attend the conference which will be held next month, I will attend it with you.
2. He would have failed in the elections were it not for his friend's help (to him).
3. Whatever you say about this subject, no one will believe you.
4. If he were to publish his book, he would become very famous.
5. I will not go with you unless you promise me not to raise that old problem.
6. If you don't approve my project, I will resign from this company.
7. You must apologize to him, otherwise he will not cooperate with you to complete your project.
8. He who betrays his friends will find himself lonely.
9. What you do is your responsibility.
10. Wherever you go I will go with you.
11. I will support you even if the others don't.
12. If you are not convinced, express your opinion freely.

12. Form eight sentences using any of the above conditional constructions and then translate your sentences into English to show their meaning.

الدرس الثاني والعشرون

	comment	*topic*
as for	... ـفَ	... أمَّا

أمَّا can be followed by a noun, v.n., demonstrative pronoun, relative pronoun, or personal pronoun (all in nominative case).

ـفَ is not translated into English.

يُعْتَبَرُ الإمام محمد عبده من أكبر زعماء الإصلاح الديني في الوطن العربي، فقد اهتم بالتجديد الديني كما دعا إلى الإصلاح الاجتماعي.

ففي مجال الدين حَثَّ المسلمين على تقوية عقيدتهم عن طريق اتّباع تعاليم الإسلام. وأما الجانبُ الاجتماعي للحياة الإسلامية فقد وجّه اللّوم فيه إلى رجال الفكر في عصره لأنهم لم يُقْدِمُوا على أية محاولة لإصلاح مجتمعهم.

هذا وقد انتقد الإمام محمد عبده كلا من المحكومين والحكام على حد سواء. فأما المحكومون فهم في رأيه سلبيون يظنون أن دفع الضرائب هو مسئوليتهم الوحيدة، وأما الحكامُ فإنهم - من وجهة نظره - لم يفهموا من معنى الحكم إلا تسخير الناس لإرضائهم.

د. عثمان أمين - رواد الوعي الإنساني في الشرق الإسلامي - القاهرة ١٩٦١ - صفحات ٦٩ - ٧٣ (بتصرف)

Muhammad 'Abduh is considered one of the greatest religious reformers in the Arab world because he took an interest in religious modernization, and he also called for social reform.

In the religious field, he urged Muslims to strengthen their belief by following the teachings of Islam. As for the social aspect of Islamic life, he blamed the thinkers of his era because they made no attempt to reform their society.

Muhammed Abduh criticized equally both the rulers and the ruled. As for the ruled they were in his opinion passive, considering the payment of taxes to be their only responsibility. As for the rulers, in his view, they understood the meaning of authority only as the subjugation of people to satisfy them.

أمثلة:

١- خرج الأستاذ من قاعة المحاضرات، أما الطلاب فقد ظلوا هناك.

٢- تغلبت مصر علي مشكلة انقطاع الكهرباء، أما التغلب على مشكلة المواصلات فقد يأخذ بعض الوقت.

٣- سأسافر أنا إلى الإسكندرية، أما أنت فيجب أن تبقى في القاهرة.

٤- فندق شيراتون المطار بعيد عن وسط المدينة، أما هذا الفندق فقريب جداً.

٥- سافرت فاطمة وحدها أمس، أما صديقتها فلم تستطعْ السفر.

تمرينات:

1. Complete the following sentences:

١- أصدقاؤه أمريكيون، أما أنا ـــــــــــــــــ.

٢- نجيب محفوظ كاتب مصري، أما شكسبير ـــــــــ.

٣- ـــــــــــــــــ، أما أخي فيشتغل بالتجارة.

٤- هذا الموضوع مهم جدا، أما ـــــــــــــ.

٥- ـــــــــــــــــ، أما زوجتي فهي ربة بيت.

٦- ـــــــــــــــــ، أما أنا فلم أوافق على هذه الخطة.

٧- هي طالبة مجتهدة جدا، أما ـــــــــــ.

٨- لقد فهمت الأفكار الأساسية في هذه الرواية، أما ـــــــــــــــــ.

٩- ـــــــــــــــــ، أما اللغة الانجليزية فقد درستها في الجامعة.

١٠- الكليات النظرية سهلة، أما ______________.

١١- ______________، أما الإسراف فأمر مكروه.

١٢- ______________، أما شوارع المدينة فواسعة.

2. Join the following pairs of sentences with the construction أمّا ... فَـ, making any necessary changes. Examples:

أختي مُدَرِّسة في مَدْرسة ثانوية. أخي موظف في بنك

← أختي مدرسة في مدرسة ثانوية، أما أخي فموظف في بنك.

يدرس محمد اللغة الفرنسية، ويدرس سامي اللغة الإيطالية

← يدرس محمد اللغة الفرنسية، أما سامي فيدرس اللغة الإيطالية

١- هي تعيش في القاهرة. تعيش أختها في الإسكندرية.

٢- العامية هي اللغة التي تُسْتَخْدَم في الكلام. الفصحى هي اللغة التي تُسْتَخْدَم في الكتابة.

٣- يوسف إدريس كاتب مصري. جبرا ابراهيم جبرا كاتب فلسطيني.

٤- قراءتك الشعر جميلة. قراءته الشعر ليست جميلة.

٥- هذه مسرحية تراجيدية. تلك مسرحية كوميدية.

٦- هم أعضاء في الحزب الجمهوري. هؤلاء أعضاء في الحزب الديموقراطي.

٧- هذان الرجلان لبنانيان. هاتان المرأتان سوريتان.

٨- أفكار هذا الزوج محافظة جدا. أفكار زوجته متطورة وعصرية.

٩- كتابكم مليء بشرح القواعد. كتابنا مليء بالتمرينات.
١٠- عُمْرُ ابني تسع سنوات. عُمْرُ ابنتي سنتان فقط.
١١- سيارتكم جديدة. سيارتنا قديمة.
١٢- كان صيف العام الماضي حارا جدا. هذا الصيف معتدل.

> If the comment clause contains a transitive verb the object of which is not explicit, then a pronoun suffix should be attached to the verb which refers back to and agrees with the person or object referred to. Examples:
>
> كتب أحمد كتابا، لم يكتب محمد أي كتاب.
> ← كتب أحمد كتابا، أما محمد فلم يكتب أي كتاب.
>
> قابلت صديقي، لم أقابل صديقتي.
> ← قابلت صديقي، أما صديقتي فلم أقابلها.

3. Join each pair of sentences with أمَّا ... فَـ, making any necessary changes. Example:

قابلنا هذا الكاتب المشهور. لم تقابلوا هذا الكاتب المشهور
← قابلنا هذا الكاتب المشهور، أما أنتم فلم تقابلوه.

١- زرت أمريكا. لم تزر أختي أمريكا.
٢- سوف أقرأ هذه الرواية. لن يقرأ صديقي هذه الرواية.
٣- سوف يقابل نائب الرئيس رجال الصحافة. لن يقابل الرئيس رجال الصحافة.
٤- شاهدنا هذا الفيلم. لم تشاهدوا هذا الفيلم.
٥- لن أستقبل الضيوف. سوف تستقبل أختي الضيوف.

٦- يعتبر القراء هذا الكاتب ممتازا. لايعتبر النقاد هذا الكاتب ممتازاً.

٧- هن يعرفن اللغة الإنجليزية. هم لايعرفون اللغة الإنجليزية.

٨- تكتب مريم المقالة. لايكتب أحمد المقالة.

٩- سأشتري ثلاجة محلية. لن أشتري الثلاجة المستوردة.

١٠- يستعملون سيارة الشركة. لايستعملون سياراتهم الخاصة.

١١- حفظنا بعض الآيات القرآنية. لم نحفظ الأبيات الشعرية.

> If the object of the preposition or adverb after فَـ refers to the topic word, a pronoun suffix is attached to the preposition of the adverb agreeing with the topic word in number and gender. Example:
>
> عند أخي كتاب واحد. عند أختي كتابان.
>
> ← عند أخي كتاب واحد، أمَّا أختي فعندها كتابان.

4. Join each pair of sentences with فَـ ... أمَّا, making any necessary changes:

١- لي أختان. لمحمد أخت واحدة.

٢- في القاهرة ثلاث جامعات. في الإسكندرية جامعة واحدة.

٣- استمعنا إلى خطبة الرئيس. لم نستمع إلى خطبة نائبه.

٤- حصل على الجائزة الثانية. لم يحصل على الجائزة الأولى أحد.

٥- وافق مجلس النواب على هذا المشروع. لم يوافق مجلس الشيوخ على هذا المشروع.

٦- واجهناهم برأينا. لم يواجهونا برأيهم.

٧- سأنتقل إلى بيت جديد. صديقي سيظل في البيت القديم

٨- سوف ألتحق بجامعة القاهرة. لن تلتحق أختي بجامعة القاهرة

٩- انضم صديقي إلى النادي الأهلي. لن أنضم إلى النادي الأهلي

١٠- لم أعجب بالمسرحية. هم أعجبوا بالمسرحية كل الإعجاب

١١- وصلوا متأخرين. وصلنا مبكرين جدا

١٢- شاهدت الفيلم العربي. لم تشاهد زوجتي الفيلم العربي

5. Translate the following sentences into Arabic:

1. We visited France last year. As for Italy, we will visit it next year.

2. Muhammad passed all the courses. As for Ahmad he failed in two subjects.

3. Fatma likes Samira very much. As for Mary, she does not like her.

4. All the Republicans voted for the new president. As for the Democrats, they did not vote for him.

5. Most of the students play football. As for basketball, only a few students play it.

6. They listened to the musical program. As for the news bulletin, they did not listen to it.

7. She goes to Alexandria in summer. As for winter, she goes to Aswan.

8. All the economists attended the lecture on business administration. As for the political scientists, they were interested in other subjects.

9. They studied well for the exam on Monday. As for the one on Wednesday, they did not study for it well.

10. They all sang the Egyptian national anthem. As for Lisa, she did not know it because she is German.

11. Sami is qualified for this job. As for Ali, he still needs some training.

12. I wrote a letter to my sister. As for my aunt, I did not have time to write to her.

6. Form five sentences or a paragraph using أمّا ... فـ.

الدرس الثالث و العشرون

whether ... or	سواء كان ... أم (أو)
jussive + لم + أم ... perfect + سواء	

In the absence of كان, سواء is inflected according to its function in the sentence:

سواءٌ عليهم أأنذرتهم أم لم تنذرهم

Used with كان, سواء is in either the accusative or the nominative case:

أحب الشعر سواءً كان قديما أم حديثا

أحب الشعر سواءٌ كان قديما أم حديثا

إن الثروات الطبيعيةَ <u>سواءً</u> كانت في العالم العربي الإفريقي <u>أمْ</u> الآسيوي تحتاج إلى من يستطيع فَهْمَ واقعها، ولهذا فإن أيةَ تجربة اقتصادية عربية <u>سَواءً</u> كانت اشتراكيةً <u>أمْ</u> رأسمالية لن تُوَفَّقَ في بناء الاقتصاد العربي مالم تأخذ في الاعتبار واقع التَخلّف الحضاري الذي تعيشه الأمة العربية.

محمد ربيع - البعد الحضاري لمشكلة التخلف الاقتصادي - الكويت ١٩٧٣ - ص ٢١٩ (بتصرف).

Natural resources, <u>whether</u> in the African <u>or</u> Asian Arab world, need someone who can understand the reality of their situation. For this reason, no Arab economic experiment, <u>whether</u> socialist <u>or</u> capitalist, will succeed in rebuilding the Arab economy unless it takes into consideration the reality of the cultural backwardness in which the Arab nation lives.

أمثلة:

١- كان الاقتصاد المصري يتقدم ببطء سواءً كان ذلك في مجال الزراعة أم الصناعة.

٢- أحب الشعر العربي سواء كان حديثا أم (أو) قديما.

٣- إنه يهتم بأخبار الأدب سواء كان شرقيا أم غربيا.

٤- يرحب الرئيس دائما بالصحفيين سواء كانوا مصريين أم (أو) أجانب.

٥- تحب الاستماع إلى الموسيقى سواء كان ذلك في الصباح أم في المساء.

٦- أنا لا ألومها على التأخير سواء شرحت السبب أم لم تشرحه.

Note: سواء is sometimes not used in the sentence, while the structure is still translated as whether ... or. Examples:

أحب الشعر العربي سواء كان حديثا أم قديماً.

← أحب الشعر العربي حديثا كان أم قديما.

يسكن العرب الجزيرة العربية سواء كانوا بدوا أم حضرا.

← يسكن العرب الجزيرة العربية بدوا كانوا أم حضرا.

تمرينات:

1. Fill in the blanks with سواء كان ... أم (أو), then rewrite the whole sentence:

١- ترحب أمريكا بالأطِبَّاء المهاجرين إليها ______ ______ من الشرق ______ من الغرب، وذلك لحاجتها إليهم.

٢- تختلف اليابان عن الصين ______ ______ ذلك في نظامها السياسي ______ الاقتصادي.

٣- كان للإسلام تأثير كبير على الأدب العربي ______ ______ ذلك في أسلوب الأدب ______ مضمونه.

٤- يعيش كل إنسان من أجل آماله ــــــــ تحققت ــــــــ لم تتحقق.

٥- إنه يحترم أي إنسان ــــــــ كان كبيرا ــــــــ صغيراً.

٦- أحب السير ــــــــ كان ذلك ليلا ــــــــ بالنهار.

٧- سوف يواصل العمال عملهم ــــــــ قبضوا أجورهم ــــــــ لم يقبضوا.

٨- أستاذتي مهتمة ببرامج المرأة ــــــــ ــــــــ في الراديو ــــــــ في التليفزيون.

٩- أثَّرَ الإسلام على نواحي الحياة المختلفة ــــــــ ــــــــ هذه النواحي اجتماعية ــــــــ اقتصادية ــــــــ أدبية.

١٠- طلابي يحبون قراءة القصة ــــــــ ــــــــ طويلة ــــــــ قصيرة

١١- لا أحب الضوضاء ــــــــ كنت بالبيت ــــــــ بالعمل.

١٢- عواطف الناس متشابهة ــــــــ كانوا فقراء ــــــــ أغنياء.

2. Complete the following sentences:

١- يحب مشاهدةالأفلام سواء ــــــــــــــــــ.

٢- ــــــــــــــــــ سواء كانت قديمة أم حديثة.

٣- هوايته السفر والرحلات سواء ــــــــــــــ.

٤- المصنوعات اليابانية جيدة سواء ــــــــــــ.

٥- ــــــــــــــ سواء كان ذلك في الشرق أم في الغرب.

٦- أنا أعجب دائما بمشاهدة المسرحيات ــــــــ.

٧- ــــــــــــــ سواء كانوا ممثلين أم راقصين.

٨- يكثر السائحون في مصر سواء ــــــــــــــ.

٩- ــــــــــــــ سواء عرفته أم لم أعرفه.

١٠- هناك إنسان يحب العمل طول الوقت سواء

ــــــــــــــــــــــــــــ.

١١- أنا أدخن أي نوع من السجائر سواء ــــــــــــــ.

١٢- ــــــــــــــ سواء كنت بالقرية أم بالمدينة.

3. Rewrite the following sentences using سـواء كـان ... أم, while keeping the same meaning. Example:

أحب الأولاد والبنات

← أحب الأطفال سواء كانوا أولاداً أم بناتٍ.

أحب قراءة الكتب الأدبية: فهمتها أم لم أفهمها.

← أحب قراءة الكتب الأدبية سواء فهمتها أم لم أفهمها.

١- إنني أحترم الأغنياء والفقراء.

٢- يَصْعُبُ على الأجنبي نطقُ بعضْ الحروف العربية في اللغة الفصحى واللهجة العامية.

٣- يزداد عدد طلاب الجامعات الذين يدرسون العلوم والآداب.

٤- تشجع الحكومة التعليم المهني والفني.

٥- صديقي يحب قراءة الكتب العلمية والأدبية.

٦- لبنان بلد جميل في طقسه ومناظره الطبيعية.

٧- هو يكره أن يسمع صوتها: ضحكت أم لم تضحك.

٨- أيَّدَ كُلُ أفراد الشعب من الموظفين والعمال والطلاب كُلَّ قرارات الحكومة.

٩- توجد عدة اختلافات بين مصر وتركيا في اللغة والعادات الاجتماعية.

١٠- يحب الهدوء ليلا ونهارا.

١١- الانتخاب حق للرجال والنساء معا.

١٢- أحب مشاهدة الحيوانات في حديقة الحيوانات والأفلام.

4. Translate the following sentences into Arabic:

1. She is interested in Oriental music, whether modern or classical.
2. I will not go to the university tomorrow whether we have an exam or not.
3. Whether the conference will be in Paris or in London, he will attend it.
4. The match will take place whether it rains or not.
5. Whether there is a holiday tomorrow or not, Dr. Sami will give a lecture in Oriental Hall.
6. He always likes to go hunting in Kenya, whether in summer or winter.
7. We will leave for Beirut on Monday whether he is coming with us or not.
8. She wants to buy this book whether it is cheap or expensive.
9. He must stay in bed whether he has fever or not.
10. We refuse to attend the meeting whether it is held in the morning or in the evening.
11. After publishing her first book she became famous, both in Europe and in the United States.
12. Whether he is right or wrong she will not cooperate with him.

5. Form five sentences, each containing سواء كان ... أم or jussive + أم ... perfect + سواء.

6. Form a paragraph containing سواء كان ... أم.

الدرس الرابع والعشرون

(a)

neither ... nor	لاَ ... وَلاَ
present	indic. + وَلاَ ... indic. + لاَ ←
present	noun + وَلاَ ... indic. + لاَ
past	jussive + وَلاَ ... jussive + لَمْ
past	noun + وَلاَ ... jussive + لَمْ
future	subjunct. + وَلَنْ ... subjunct. + لَنْ
future	noun. + وَلاَ ... subjunct. + لَنْ
	noun + وَلاَ ... noun + لاَ
past (rather rare)	perfect + وَلاَ ... perfect + لاَ
	prep. phr. + وَلاَ ... prep. phr. + لاَ

(b)

either ... or	إمّــا ... وَإمّــا
	indic. + (أوْ) وَإمّــا ... indic. + إمّــا ←
	noun + (أوْ) وَإمّــا ... noun + إمّــا
	subjunct. + (أوْ أنْ) وَإمّا أنْ ... subjunct. + إمّا أنْ
	acc. noun + (أوْ أنَّ) وَإمّا أنَّ ... acc. noun + إمّا أنَّ

... إنّ المؤلف لم يكن دقيقا لا في حديثه عن الشريعة الإسلامية ولا في حديثه عن بعض الطقوس المسيحية، وقد آثرت أن أترك كل شيء على حاله - ذلك أنه لا القارئ المسلم ولا القارئ المسيحي سوف يلجآن لكتاب وصف مصر لدراسة الشرائع والعبادات فلهذه وتلك إما عند هذا أو ذاك المصدر الذي يعرفانه جيداً.

زهير الشايب (مترجم - وصف مصر - تأليف علماء الحملة الفرنسية - المجلد الأول - الطبعة الثانية - القاهرة ١٩٧٦ - ص ١١ - مقدمة المترجم (بتصرف)

The author was not accurate in his discussion, neither of Islamic law nor of some of the Christian rites. I therefore preferred to leave everything as it is, simply because neither the Muslim nor the Christian reader will consult the *Description d'Egypte* on matters of religious law and worship, since both have their own references which are well known to their followers.

(a)

أمثلـة:

١- لي صديق أُمِّيٌّ: لا يقرأُ ولا يكتبُ.

٢- محمد لا يعيش في القاهرة ولا في الإسكندرية.

٣- فاطمة لا تحب الشعر ولا الموسيقى.

٤- لقد أضربوا عن الطعام فلم يأكلوا ولم يشربوا.

٥- لم يمثل في هذه المسرحية ولا في ذلك الفيلم.

٦- لم يشترك في مسابقة الغناء ولا الرقص.

٧- لن يمثل ولن يُخرجَ هذه المسرحية.

٨- لن يأتي أبدا لا غدا ولا بعد عشر سنوات.

٩- هل تريد هذا (أم ذاك)؟ لا هذا ولا ذاك.

١٠- لا أكلَ ولا شربَ.

تمرينات:

1. Fill in the blanks with the appropriate form of لا ... ولا:

١- ____ يقابلوا الرئيس ____ مساعده.

٢- ____ تجتمع اللجنة غدا ____ بعد غد.

٣- إنهم ____ يسمعون ____ يبصرون.

٤- ____ يقابل الرئيس الصحفيين ____ يجيب على أسئلتهم.

٥- محمد ____ يتكلم اللغة الفرنسية ____ يفهمها.

٦- أختي ____ تسافر إلى سوريا ____ إلى لبنان.

٧- ____ أذهب إلى الجامعة ____ أحضر المحاضرات.

٨- ____ ينجح محمد ____ عليّ في الامتحان.

٩- ____ أجد صعوبة في فهم الهندسة ____ الجبر.

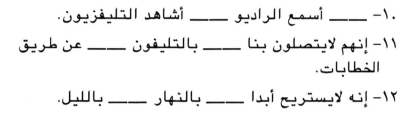

١٠- ـــــــ أسمع الراديو ـــــــ أشاهد التليفزيون.

١١- إنهم لايتصلون بنا ـــــــ بالتليفون ـــــــ عن طريق الخطابات.

١٢- إنه لايستريح أبدا ـــــــ بالنهار ـــــــ بالليل.

2. Complete the following sentences:

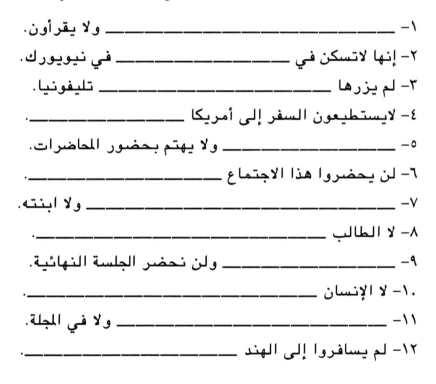

١- ـــــــــــــــــــــــــــــــــــ ولا يقرأون.

٢- إنها لاتسكن في ـــــــــــــــ في نيويورك.

٣- لم يزرها ـــــــــــــــــــــ تليفونيا.

٤- لايستطيعون السفر إلى أمريكا ـــــــــــــــ.

٥- ـــــــــــــــــــــ ولا يهتم بحضور المحاضرات.

٦- لن يحضروا هذا الاجتماع ـــــــــــــــ.

٧- ـــــــــــــــــــــــــ ولا ابنته.

٨- لا الطالب ـــــــــــــــــــــ.

٩- ـــــــــــــــــ ولن نحضر الجلسة النهائية.

١٠- لا الإنسان ـــــــــــــــــــــ.

١١- ـــــــــــــــــــــ ولا في المجلة.

١٢- لم يسافروا إلى الهند ـــــــــــــــ.

3. Form five sentences containing لا ... ولا.

(b)

أمثلة:

١- إما تذهبُ وإما أذهبُ أنا.

٢- إما تذهبُ أو أذهبُ أنا.

٣- إما أنْ تذهبَ وإما أنْ أذهبَ أنا.

٤- إما أنْ تذهبَ أو أذهبَ أنا.

٥- إما أنَّ المديرَ لا يعرفه وإما أنه يتجاهله.

٦- إما أنَّ المديرَ لا يعرفه أو أنه يتجاهله.

٧- سيرأس الاجتماع إما الرئيسُ أو نائبهُ.

تمرينات:

4. Fill in the blanks with the appropriate form of إما ... وإما / إما ... أو:

١- ______ ______ صديقي مريض ______ ______ متمارض.

٢- أحب شرب الشاي ______ ساخنا ______ باردا.

٣- ______ ______ تحضر اجتماع اللجنة ______ أحضره أنا.

٤- ______ تزورني غدا ______ أزورك أنا.

٥- ______ ______ يسافر غدا ______ بعد غد.

٦- ______ ______ يجتمعوا في الصباح ______ في المساء.

٧- سيرأس اللجنة ______ الرئيس ______ نائب الرئيس.

٨- ______ ______ نحترم معاهدة السلام ______

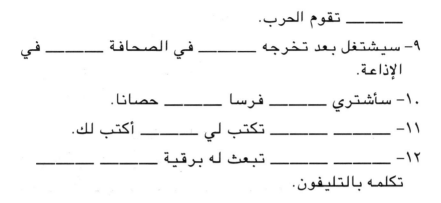

_____ _____ تقوم الحرب.

٩- سيشتغل بعد تخرجه _____ في الصحافة _____ في الإذاعة.

١٠- سأشتري _____ فرسا _____ حصانا.

١١- _____ _____ _____ تكتب لي _____ أكتب لك.

١٢- _____ _____ تبعث له برقية _____ _____ تكلمه بالتليفون.

5. Complete the following sentences:

١- إما أن أجده في البيت _____.

٢- إما أنهم سعداء بهذه النتيجة _____.

٣- _____ أو تتخصص في الأدب الحديث.

٤- إما أن تتفق الدول على الحدّ من الأسلحة النووية _____.

٥- _____ وإما تعتذر منذ البداية.

٦- إما أن تَحُدَّ الولايات المتحدة من استهلاك البترول _____.

٧- _____ أو إلى الصين.

٨- إما أن تتغلب مصر على مشكلة التضخم السكاني _____.

٩- _____ أو تواجه عدة مشاكل اقتصادية.

١٠- إما أن ينتصروا في الحرب _____.

١١- إما أن تساهم معي في المشروع _____.

١٢- _____ وإما أن يموت شهيدا.

6. Form five sentences, each containing an appropriate form of
إمّا ... وإمّا .

7. Translate the following sentences into Arabic:

1. He speaks neither French nor English.

2. She neither speaks nor reads French.

3. Neither Mona nor Samira came to my party yesterday.

4. We'll visit either Lebanon or Syria this summer.

5. He should either apologize for his misbehavior or withdraw from the contest.

6. We can hold the meeting either in your office or in mine.

7. Either Muhammad or Ahmad will be elected for the chairmanship of the committee.

8. The Olympic Games will be held neither in Germany nor in Sweden next year.

9. Either they must play very hard or they will lose the match.

10. We must either visit her in hospital or send her some flowers.

11. He will visit you neither tomorrow nor after tomorrow.

12. They neither elected him nor supported him in the previous elections.

الدرس الخامس والعشرون

مراجعة على الدروس من الحادي والعشرين
حتى نهاية الرابع والعشرين

1. Fill in the blanks with appropriate connectors and/or words:

١- _____ سافرتم _____ لنا رسالة.

٢- شاهدت المسرحية، _____ صديقي _____ لم يشاهدها.

٣- أحب الشاي _____ كان ساخنا _____ باردا.

٤- _____ يتكلم العربية _____ العبرية.

٥- _____ زارني _____ أطلعه على الكتب.

٦- لي أختان _____ زوجتي _____ لها أخت واحدة.

٧- _____ كنت كاتب هذه المقالة _____ أكثر من ذلك.

٨- هناك تطور شامل _____ في المجال السياسي _____ الاجتماعي.

٩- هذا العجوز لا ينام أبدا _____ بالليل _____ بالنهار.

١٠- _____ أن أتصل بك غدا _____ تتصل أنت.

١١- _____ تُحْضِر القاموس _____ أُعطيك الثمن.

١٢- لقد وصلنا مبكرين _____ هم _____ وصلوا متأخرين.

2. Complete the following sentences:

١- إن اشتريت هذه السيارة المستعملة __________.

٢- قابلت كل أصدقائي، أما صديقاتي __________.

٣- ــــــــــــــــــــــ فحاول أن تتصل بها في المكتب.

٤- أولادهم في المدرسة الثانوية، أما ــــــــــــــــــ.

٥- لا يضايقني ذلك سواء حدث منها ــــــــــــــــــ.

٦- ــــــــــــــــــــــــــــــــــ ولن أذهب معهم.

٧- ــــــــــــــــــــــــــ فسوف أساعده أنا.

٨- لو لم يكن معنا ــــــــــــــــــــــــــــــ.

٩- ــــــــــــــــ أما كتابهم ففيه تمرينات أكثر.

١٠- لو كنت شرحت لها عذري ــــــــــــــــــــ.

١١- لن أساعدهم إلا إذا ــــــــــــــــــــــــــ.

١٢- ــــــــــــــــ أما نحن فلم نشاهدها بعد.

3. Rearrange the following words to form complete sentences:

١- غدا – فاكتب – إن – لي – سافرت.

٢- زوجتي – فلم – أنا – ذهبت – الحفلة – إلى – أذهب – أما.

٣- سواء – القصص – أحب – طويلة – قصيرة – أم – كانت.

٤- لا – أُمّي – ولا – يقرأ – صديقي – يكتب.

٥- يعتذر – لم – الحفلة – حضرت – لو – لها – لما.

٦- أن – أو – أنا – ترجع – إما – أرجع.

٧- الطبيب – لمات – لولا – المريض.

٨- مهندس – أما – أخي – فطبيبة – أختي.

٩- الشعر – أحب – كان – حديثا – سواء – قديما – أم.

١٠- الحفلة – ولن – في – يغني – لن – يرقص.

١١- أن – لها – تقول – إما – أن – وإما – أقول – أنا.

١٢- مساعدته – لما – لي – نجحت – لولا.

١٩٠

4. Answer the following questions. Include the connectors in parentheses in your answers:

١- ماذا تفعل لو كنت محافظ هذه المدينة؟ (لو - أيضا - وكذلك)

٢- هل ستعقدون اجتماعكم غدا؟ (من المتوقع أن - سواء ... أم)

٣- لماذا لم ينجح سامي في الامتحان؟ (لأنه - لم ... ولم)

٤- ماذا أخبرته في رسالتك الأخيرة؟ (إن لم - فلن - مهما)

٥- متى تحب زيارة مصر؟ (سواء كان ... أم - كما)

٦- هل ستحضر المديرة المؤتمر اليوم وغدا؟ (من المرجح أن - لن .. ولا)

٧- هل أنت صديقه حقا؟ (الذي - مهما)

٨- ما هي البلاد التي زرتها؟ (و - بالإضافة إلى)

٩- من تتوقع له الفوز في هذه المباراة؟ (من المنتظر أن - إما .. وإما)

١٠- هل ستقام الألعاب الأوليمبية القادمة في القاهرة أم في دمشق؟ (من المؤكد أن - لن ... ولا)

١١- هل ستقابلون رئيس الجامعة غدا؟ (إذا - أو)

١٢- متى قرر عليّ العودة إلى وطنه؟ (لم يمضِ .. حتى - ونتيجة لذلك)

5. Translate the following sentences into Arabic:

1. If I were governor of this city, I would issue strict rules to organize the traffic.
2. He who wins in this contest will receive a valuable prize.
3. We will hold the meeting whether he comes or not.
4. He neither studies nor works.

5. If you don't answer my letter, I will not write to you again.

6. I love to visit France, whether in summer or winter.

7. She will attend the conference neither today nor tomorrow.

8. Whatever happens, I will always be your friend.

9. I visited many countries in Europe. As for the Far East, I have not visited it yet.

10. Either Ahmad or Ali will win the tennis championship this year.

11. She did not talk about modern poetry in her lecture. As for prose, she talked about it for half an hour.

12. The government encourages tourism, both internal and external.

الدرس السادس والعشرون

lest, for fear of	خَشْيَةَ / مَخَافَةَ / خَوْفاً مِنْ
	(followed by genitive noun or verbal noun)
for fear that	خَشْيَةَ أَنْ / مَخَافَةَ أَنْ / خَوْفاً مِنْ أَنْ
	(followed by subjunctive)

negative forms:

for fear that ... may / might not

خَشْيَةَ أَلاَّ (أَنْ لاَ) + subjunctive ←

مَخَافَةَ أَلاَّ + subjunctive ←

خَوْفاً مِنْ أَلاَّ + subjunctive ←

لقد نَقَل العربُ في العصر العباسي فلسفة اليونان إلى اللغة العربية ولكنهم تردّدوا في ترجمة مسرحيات كبار شعراء اليونان خَشيَةَ نقلِهم معها بعضَ العادات الوثنية وَخَوْفاً من التأثر بآلهة الإغريق المتعددة، وأساطيرهم، وكلها تَتَنَافَى مع تقاليد الإسلام.

صَحيحٌ أن العرب القدماء كانت لهم أيضا آلهتهم وأوثانهم ولكنهم بعد الإسلام لم يحاولوا إحياء شيءٍ من هذا مَخَافَةَ أَنْ يكونَ في ذلك تشويشٌ على مبدأ الوحدانية الذي تركزت حوله دعوة الإسلام.

دكتور محمد مندور - المسرح - دار المعارف - القاهرة ١٩٦٣ - ص ١٥، ١٧ (بتصرف)

During the Abbasid Period, the Arabs translated Greek philosophy into Arabic. However, they hesitated to translate the plays of the great poets for fear that they might transmit with them some of the pagan traditions and also for fear of being influenced by the many Greek gods and their legends, all of which go against the traditions of Islam.

It is true that the ancient Arabs also had their own gods and idols, but after Islam they did not try to revive any of these (traditions) lest that might endanger the principle of monotheism upon which Islamic doctrine was based.

أمثلة:

١- لقد أنْهَيْنا المناقشة الحادة خَشْيَةَ / مَخَافَةَ / خوفاً من غضبِ رئيسِ الاجتماع.

٢- لقد أنهيناها خوفاً من الوقوعِ في أخطاء.

٣- لقد أنْهَيْتُ المناقشة الحادة مع صديقي خشيةَ أنْ يسيءَ أحدُنا إلى الآخر.

٤- اعتذر المدير عن الاجتماع بالصحفيين خشيةَ (مخافةَ) ألّا يستطيعَ الإجابة على أسئلتهم.

تمرينات:

1. Use خوفا من أن / مخافة أن / or خوفا من / مخافة / خشية خشية ألا or خشية أن when appropriate:

١- استيقظت مبكرا _____ التأخير عن الدرس الأول.

٢- لقد هرب بعد الحادثة _____ البوليس.

٣- أغلقت النافذة _____ يدخل الذباب الحجرة.

٤- لقد اعتذرت له على ما بدر مني _____ يصفح عني.

٥- لبست الفتاة معطفها _____ المطر.

٦- سحب البوليس رخصة قيادة الشاب المخمور _____ يستطيع قيادة سيارته.

٧- التزم اللاعبون برأي الحكم _____ إلغاء المباراة.

٨- وضع حقيبته أمامه _____ ينساها عند نزوله من القطار.

٩- أنا لا أحب السير ليلا في القرية _____ الكلاب.

١٠- ذاكرنا كثيرا _____ نرسب في الامتحان.

١١- وضعت السيدة كل ماتملكه في البنك _____ اللصوص.

2. Complete the following sentences:

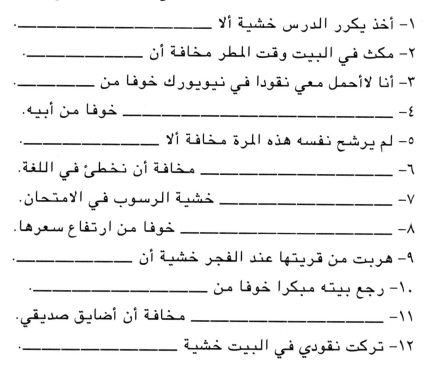

١- أخذ يكرر الدرس خشية ألا ـــــــــــــــــ .

٢- مكث في البيت وقت المطر مخافة أن ـــــــــــ .

٣- أنا لا أحمل معي نقودا في نيويورك خوفا من ـــــــــ .

٤- ـــــــــــــــــ خوفا من أبيه.

٥- لم يرشح نفسه هذه المرة مخافة ألا ـــــــــــ .

٦- ـــــــــــــــ مخافة أن نخطئ في اللغة.

٧- ـــــــــــــ خشية الرسوب في الامتحان.

٨- ـــــــــــــ خوفا من ارتفاع سعرها.

٩- هربت من قريتها عند الفجر خشية أن ـــــــــ .

١٠- رجع بيته مبكرا خوفا من ـــــــــــ .

١١- ـــــــــــــ مخافة أن أضايق صديقي.

١٢- تركت نقودي في البيت خشية ـــــــــــ .

3. Translate the following sentences into Arabic:

1. I telephoned her before visiting her for fear she might not be at home.

2. She could not leave her mother alone at the hospital for fear that she might need some help.

3. They asked to postpone the match until they practiced well, for fear of losing the match.

4. He went to the airport two hours before the departure time for fear of missing the plane.

5. The soldiers could not leave their positions for fear that the enemy might be near them.

6. They apologized to their teacher for not attending yesterday's lecture for fear that he might not allow them to attend today's lecture.

7. She asked me to wait beside her baggage for fear of losing it.

8. They all studied very hard for fear of not passing the exam.

9. She always goes to work early for fear of losing her job.

10. They practiced very hard for the contest for fear that they might not win one of the prizes.

11. He did not visit his friend when he was at the hospital for fear of catching the disease.

12. He was not feeling well, so he asked to be excused from playing the match for fear of not playing well.

4. Write five sentences or a paragraph using any of the connectors in this lesson.

الدرس السابع والعشرون

←
لابدَّ أنَّ + nominal sentence

لابدَّ أنْ + subjunctive

لابدَّ مِنْ أنْ + subjunctive

لابدَّ مِنْ + genitive verbal noun

must, certainly, inevitably, without fail, by all means;
it is necessary, unavoidable, inescapable

←
لابدَّ لـ + gen. noun / pron. + (مِنْ) أنْ + subjunctive

لابدَّ لـ + gen. noun / pron. + مِنْ + verbal noun

على + gen. noun / pron. + أنْ + subjunctive

(he) simply must, (he) can't get around it, must

عندما واجه الشعب الياباني خلال الحكم الميجي حَضارة أجنبية غربية ذاتَ حيويةٍ كَانَ عَلَيْهِ أن يتقبلها وكان لابُدَّ لَهُ مِنْ أنْ يُطوِّرها لتلائم طبيعة البلاد.

وعندما واجه اليابانيون مرارة الهزيمة في الحرب العالمية الثانية كان لابُدَّ أنْ يكافحوا وينجحوا في إعادة بناء دولتهم. ومعنى هذا أن الأزمات لم تقتل الأمل داخل نفوسهم بل شعروا أنْ لابدّ مِنْ مواجهة التحديات بعزم وثقة وإصرار.

وزارة الخارجية اليابانية - اليابان في مرحلة الانتقال ١٩٧١ - صفحة ٩٧ (بتصرف)

When the Japanese people faced a foreign civilization full of vitality during the Meiji Dynasty, they had to accept it and inevitably to develop it to suit the nature of the country.

When the Japanese faced the bitterness of defeat in the Second World War, they had to struggle to succeed in rebuilding their state. This means that crises did not kill hope in them; on the contrary, they felt they must face the challenges with determination, confidence, and persistence.

أمثلة:

١- لابدّ أنّي ارتكبت كثيرا من الأخطاء.

٢- لابدّ أنْ يكونَ هذا هو السبب.

٣- إذا الشعب يوما أراد الحياة ** فلابدَّ أنْ يستجيبَ القدر

٤- ولابدَّ لليلِ أن ينجلي ** ولابدَّ للقيدِ أن ينكسر

٥- كان لابدَّ من أنْ أقابل المدير أمس ولكنه لم يحضر إلى المكتب.

٦- لابدّ من مقابلة المدير الآن.

٧- كل إنسان لابدّ له من عمل.

٨- على كل إنسان أن يعمل.

1. Fill in the blanks with the appropriate form of لابدّ. Examples:

______ يسافر عليٌّ غدا.

← لابد أن يسافر عليٌّ غدا.

______ السفر غدا.

← لابد من السفر غدا.

______ طالب مجتهد.

← لابدّ أنه طالب مجتهد.

١- ______ دراسة الموضوع جيدا قبل عرضه على اللجنه.

٢- ______ يكافح الإنسان في حياته حتى ينجح.

٣- ______ إنسان مكافح ولذلك نرى أنه نجح في حياته.

٤- ______ للإنسان من أن يكافح في حياته.

٥- ________ الوضوء قبل الصلاة.

٦- ________ تصدر اللجنة قرارها في نهاية الاجتماع.

٧- ________ رجل أعمال ناجح في حياته.

٨- ________ كنت مخطئا في حكمي على هذا الموضوع.

٩- ________ أنها كانت تعلم ذلك.

١٠- ________ لهم من مال كافٍ للرحلة.

١١- ________ يُطْلِعوه على خطتهم.

١٢- ________ إحضار شهادة ميلاده.

Note that لابدَّ لـ can be replaced by any of the following:
يجب على - من الواجب على - من اللازم - ينبغى أن

2. Rewrite the following sentences using an appropriate form of لابدّ, while keeping the same meaning. Examples:

كان من اللازم أن يعاقب المجرم على جريمته.

← كان لابد من أن يعاقبَ المجرمُ على جريمته.

من اللازم مراعاةُ الهدوء في المستشفى.

← لابدّ من مراعاة الهدوء في المستشفى.

١- من الواجب أن نصل قبل الاجتماع.

٢- علينا أن نَتبرعَ للفقراء.

٣- من اللازم مساعدةُ بعضنا البعض.

٤- يجب أن يشترك الشعب في انتخاب رئيس الجمهورية لتحقيق الديمقراطية.

٥- كان من الواجب على المرشح شرحُ سياسته للناخبين.

٦- يجب على الرياضي أن يتدرب باستمرار للاحتفاظ بلِيَاقَته البَدَنِيَّة.

٧- يجب على القاضي الاستماعُ لكل الشهود قبل إصدار الحكم.

٨- علينا أن نحترم شعور الآخرين.

٩- من اللازم أن يَطَّلِع دارسو اللغة العربية على مختلف فروع اللغة.

١٠- عليه أن يكون أمينا في عمله.

١١- يجب على الأبناء احترام الوالدين.

١٢- من اللازم أن نرشد الأبناء إلى الطريق الصحيح.

3. Complete the following sentences:

١- لابدّ من ____________ حتى يحصل على شهادته.

٢- لابدّ من ____________ حتى أجد لها حلا مناسبا.

٣- لابدّ من الحصول ________ قبل أن تعمل في الحكومة.

٤- لابدّ لها ____________ كي تكتسب خبرة في الحياة.

٥- لابدّ أنهم ______________________ لم يقابلوه.

٦- لابدّ من أن ____________ حتى أحصل على المال.

٧- لابدّ للقاضي من ____________ حتى يثبت براءتها.

٨- كان لابدّ للرئيس من ________ كي يؤيدوه في قراره.

٩- كان لابدّ أن ______________ حتى أتعلم لغتهم.

١٠- لابدّ من ______________ حتى يعرف الحقيقة.

١١- كان لابد لهم من __________ كي يواصلوا رحلتهم.

١٢- لابد لي من ________ حتى أصل في الموعد المحدد.

4. Connect the following words or phrases using لابدّ or any of the related phrases. Example:

النقود – شراء السجائر

← كان لابد له من نُقود حتى يشتري عُلْبَة سجائر.

١- وجود المراجع العلمية – كتابة بحث جيد

٢- الدواء – الشفاء

٣- المال – السفر

٤- التدريب – الفوز في المباراة

٥- سيارة – جولة حرة في المدينة

٦- شرح وجهة النظر – الانتخابات

٧- الحصول على رخصة قيادة – قيادة السيارات

٨- شراء طابع بريد – إرسال خطاب

٩- الحصول على عقد – تمثيل الفيلم

١٠- الوقت – إتمام التعليم

١١- الدراسة الجادة – النجاح في الامتحان

١٢- التفكير – الحل

5. Translate the following sentences into Arabic:

1. It is necessary to have a medical check-up before entering the university.

2. It is necessary that she should have a visa to enter France.

3. It was inevitable that they send him to the hospital because he was very ill.

4. We simply must ask that they postpone the match because we are not ready for it.

5. He must have forgotten to send her flowers when she was ill.

6. It is necessary to visit the Egyptian Museum when you are in Cairo.

7. It is inevitable that the exam should be on Saturday since Monday is a holiday.

8. She simply must learn typing if she wants to have that job.

9. It was inevitable that they fire him because he was inefficient.

10. They must have studied very hard to receive high grades.

11. It is unavoidable that we will meet each other tomorrow, since we are both members of the same committee.

12. It was necessary for him to change his major because he was not interested in history.

6. Write five sentences or a paragraph containing an appropriate form of لا بُدَّ لـ.

نموذج اختبار عام

1. Rewrite the following using the connectors provided in parentheses, making any necessary changes:

١- لن يستقبل الرئيس المراسلين – سوف يستقبل الوزير المراسلين (أما ... فـ)

٢- قرب الجامعة – ركوب دراجة (مع أن)

٣- هو طبيب وليس مهندسا (بل)

٤- تزوج فريد – فريد في الثلاثين من عمره (واو الحال)

٥- إهمال المذاكرة – الفشل (بحيث)

٦- سافر إلى أمريكا ولكنه ... (مالبث)

٧- الإقامة في انجلترا – التدريب على الإنجليزية (لكي)

٨- إنني أحترم الأقوياء والضعفاء (سواء كان ... أم)

2. Use each of the following in a sentence to show its meaning:

١- مالبث أن ....

٢- مع أن

٣- رغم أن

٤- أما ... فـ

٥- لا ... ولا

٦- مخافة أن

٧- رغم

٨- كيلا

3. Rearrange the following:

١- ومعها – إلى – الحفلة – ابنتها – ذهبت.

٢- زوجتي – الرحلة – فـ – مرضت – ألغيت.

٣- فقط – ليس – أيضا – بل – مخرج – ممثلا – هو.

٤- تذهب – أن – أنا – أذهب – إما – أو.

٥- له - من - أن - الواجب - الموضوع - نذكر.

٦- ببطء - سيارته - بحيث - قاد - بعد - وصل - الموعد.

٧- المطر - أذهب - الحفلة - بسبب - إلى - لم.

٨- أنها - الجامعة - أظن - تركت - كنت.

4. Translate the following sentences into Arabic:
   1. It was inevitable that they tell him about all the details.
   2. What she does is her responsibility.
   3. He neither hears nor sees.
   4. She took her children to Cairo to see the Pyramids.
   5. As soon as the civil war began in Lebanon, many foreigners left the country.
   6. She knows Arabic in addition to English and Spanish.
   7. I always read before I sleep.
   8. The two (fem.) students who succeeded in the exam came.

5. Write a paragraph on one of the following topics, using the connectors indicated:

١- كيف خَطَّطْتَ لرحلتك الصيف الماضي.

- أيضا - (الأسماء الموصولة) (relative pronouns) - حيث - بالرغم من ... فـ ... - وفوق هذا.

٢- كتاب أو فيلم أعجبك.

- بالإضافة إلى - لكن - ثم - فـ - لا ... فحسب، بل ... أيضا.

٣- خططك للعام القادم

- من الجدير بالذكر - بعد أن - بعد - لابدّ لـ ...

6) Translate the following paragraphs into Arabic:

1. The Minister of Foreign Affairs, who arrived recently from abroad, was supposed to hold a press conference. However, the press conference was postponed because of the minister's illness, and it is expected to be held a few days after his recovery.

2. No sooner had the new director been appointed than he announced that new measures will be taken in the company which every employee should follow (adhere to) whether senior or junior. Anyone who (whoever) wishes to take leave must apply for it a week in advance. In addition to that, all employees are expected to come on time. Consequently, all employees were punctual for fear of being questioned or penalized.

3. Everyone who wants to be a journalist must read and write a lot, send all that he or she writes to either the newspapers or the magazines and should not despair if his or her articles are not published at the beginning, even if he or she has written hundreds of articles.

4. In spite of their personal disagreement, they (dual masc.) agreed to vote for the project since it is a national project. Therefore, as soon as it was presented, they supported it completely. As a result of that, the members of the committee approved the project unanimously although they had rejected it last year.